武居一正 Kazumasa Takesue

新入生のための法学部必勝学習法

法律文化社

法学部新入生諸君へ

――この本がためになる理由《わけ》とは

君が今、手に取っている本は、法学部受験を決めた高三生や入試で法学部に合格した人のために、**法学部での必勝学習法**をわかりやすく伝授するチョー便利な本だ。薄いけど、読めば読むほど**内容豊富で便利なマニュアル**だと気づくはずだ。

君たちの多くは、それなりに希望に燃えているはず。とはいえ、最高学府＝大学で学ぶのは何しろ初めてなので、緊張感とともにいろんな不安にもとらわれているんじゃないかな。なかには大学に合格することだけが目標で、その先を考えていなかった、なんて人もいるかもしれない。このままだと、もうじき指定された分厚い教科書を前にして、どうすればいいのかと途方に暮れてしまうことになりかねないよ。

この本は、法律学を志した君たちが最初からくじけてしまわないための本、そう、**新入生が直面するいろんな問題を解決するための本当に役立つ攻略本**なのだ。合格通知を受け取ったときから前期終了までの間、どのようにすれば有意義で充実した学生生活を送れるかをアドバイスすることが目的だ。予習や復習の仕方や本の読み方、ノートの取り方から論文試験対策まで、三月からの時系列にそってはいるけれど、内容は各テーマごとに読み切りになっているから、君に問題が生じたときに関連テーマを読むという使い方もできるように工夫してあるぞ。

今、君には大学での学問という未知の世界が待ち構えている。この本を使って法律学の世界に分け入って、そのおもしろさに気づいてほしいと願っている。**物事を知り、深く理解する喜びに代えられるモノはない。これこそ大学で学ぶ醍醐味だよ。**

さあ、一緒に出発しよう。

もくじ●新入生のための法学部必勝学習法

March

3月

合格発表

今はいろんな形態の入試があるけれど、一般入試はだいたい三月の初め頃までに「合格発表」があるはずだ（推薦組はもっと前だけど）。合格、おめでとう。

これまでの灰色の受験生生活とも今日でさよなら。これからはこれまでの分も思いっきり楽しもう、とりあえずバイトと自動車学校へなんて考えている君、君に話があるのだ。少しくらいゆっくりしたいという気持ちはわからなくもないけど、大学生活を有意義に過ごすことを考えてみないか。

●大学って思ったほど甘くはない——単位*という難物

大学って思ったほど甘くはない。四年間で卒業するためには、必要な単位を取らなくてはいけないんだ。大学によって違いはあるにしても、一二〇〜一三〇単位くらいは必要なんじゃないかな。

【単位】　どれだけ勉強したかを示す基準。二単位科目だと、九〇分の講義一五回を受け、試験に合格すると認定される。

一年間を通じて行われる週一回の通年科目だと一科目四単位、そして半期＝六か月間での科目だと二単位だから、四年間にざっと四〇科目くらいの試験で合格点を取らなくてはならない。

普通は、三年生までは毎年四〇単位取得をめざし、四年生は卒業に必要な残りを片づけることになるね。四年生で単位がたくさん残っていると、卒業できるかどうかに気をとられて（卒業できなかった場合のことは、ここで説明するまでもないよな。親父やお袋の目は思いっきり三角になるぞ）、就職活動に専念できなくなったり、公務員試験の準備もおろそかになったりするから、なるべく**三年生終了時までに目一杯単位取得を心がける**ことだ。

というわけで、一年生から三年生まではしっかりやらないとマズイのだ。ついつい調子に乗って、しょっぱなから羽を伸ばしてしまったら（その最初の徴候はサボり癖だ）、まず一年生の成績は良いものにはならない。一年生では法律の基礎科目を学ぶので、これがわかってないと、二年生の学習に重いハンデになって、ここでも辛いことに。こうなると三年生はいよいよ複合的にわからなくなって、お手上げ状態になるのだ。これを「転落の基本パターン」という。これじゃあ、大学に進学した意味がないよね。

●「良いスタート」をきるために――高校のおさらいを

こうならないためには、一年生の初めから「良いスタート」をきることが大事だよ。そのためには「高校時代に学んだことの十分な理解が必要」だ。これまで学んだことは、大学での学問に必要不可欠なのだ。法律をやるなら、特に「歴史」や「公民」「現代社会」「政経」の知識が不可欠だ。

◆歴史：新たな発見

「歴史」についていうと、「世界史」なら近代市民革命以降、「日本史」なら明治維新以降が大切だ。現在の日本の法律はどれもそのルーツが西欧にあるのは、みんなもよく知っているとおり。明治維新前後に西欧の進んだ文明に触れて、その進んだ部分を輸入（継受）することで、日本の法律は整備された。だから、基礎となった西欧の進んだ法律や法思想、制度などが「どういう背景や理由」で成立したのか理解しておくと、話が早い。

つまり、人は生まれながらに自由かつ平等であるという「人権思想」や、権力の濫用を防止するための「権力分立」の考え方が採り入れられたのは、一八世紀の市民革命期だから、その前後の西欧での展開の理解が必要だ（世界史を学び直す意味）。

西欧の進んだ法思想や法律などは、わが国に輸入されたものそのまま根づくことはなく、独自の発展を遂げ、第二次世界大戦で敗戦したことにより、民主化され、さらに紆余曲折をへて、今がある。だから、明治以降のわが国の歴史を、大日本帝国の時代と現在の民主国家・日本との比較において知らなければならない（日本史を学び直す意味）。

ここで注意が必要なのは、高校までは、たとえば一〇六六年＝ノルマン・コンケストとか、ワイマール憲法＝社会権とか、試験対策として歴史上の出来事を「単なる知識や点」として覚えてきたかもしれないけれど、大学ではそうではなくて、**「流れのなかで理解する」**ことを心がけなくてはならない。

もうひと言、ふた言1

流れのなかで理解する

たとえば、「フランス革命」。一七八九年に始まった絶対王政を倒した市民革命、というような「単なる知識」だけでは不十分だ。この革命が起きた背景や革命の経緯・結果、欧州への影響などを知ることが大切だ。これらを一連の流れのなかで理解しようと言っているのだ。そうしてこそ、自由・平等など自然権が当時高らかに謳われたことや、三権分立が説かれた理由、国民主権の意味するところがわかる。

フランス人権宣言の法的な意味なんて、世界史の教科書には載っていなかったし、先生も話さなかっただろう。でも、法学部では憲法や西洋法思想史の講義で再び出あうことになる。高校レベルの予備知識があれば、講義で先生が語る別の観点からの話がよく理解できるというわけだ。

歴史的な事件や事柄は、突然起きるのではなく、その背景となる「理由」が必ずあり、その出来事の発生による「影響」がある。*ひと言 高校で習ったあんなこと、こんなことが法律学ではこんな意味をもつのかと、へェーっていう驚きとともに新たな発見をするはずだ。

高校の教科書を見直してごらん。立派な先生たちが高校生にわかるように工夫して書いているから、説明文も簡単で親しみやすいし、内容も高度なことを噛み砕いてあるので、とても勉強になる。受験のための学校の教科書としてではなく、これからの自分を導いてくれる手引書として改めてみると、そこにはきっといろんな発見がある。

◆公民：法律学を学ぶ基礎知識

「公民」の高校の教科書についていえば、たとえば、日本の統治の仕組みについて基本的なことはみんな説明されている。それらをさらに詳しく学ぶのが、大学の「憲法」だ。もう一度、確認の意味で教科書に目を通しておけば、講義の一層の理解につながる。私たちの国の統治や政治の基本的な枠組みを理解しておけば、「法律学を学ぶ基礎知識」があるということになるよね。

もちろん、先生によっては、高校時代の学習と大学での勉強との間に「橋を架ける」授業をされることもある。つまり、大学での勉強を高校での基礎的な学習からの発展と位置づけ、それを理解させるため、機会あるたびに、今学んでいることと高校時代に習った（または習うべきであった←君たちのなかには高校で日本史または世界史の一方を勉強しただけで、公民をまったく学習しなかった人もいると思う。これはまさに、受験に関係ないものは学ばないという実利的高校教育の弊害だ）こととの関連をていねいに解説される場合もあるだろう。

理想的には、一年生の初めの段階でこの架橋が必要なのだが、一年次用の前期配当科目でこれに時間を割くと、本来学ばなくてはならないものに充てる時間が足りなくなるのが教員の悩みのタネだ。

この場合でも、予備知識または基礎知識をもっているかどうかで理解の深さに大きな違いが生じることになる。

ポイント1 入学前に世界史と日本史、政経の教科書をもう一度読み直そう

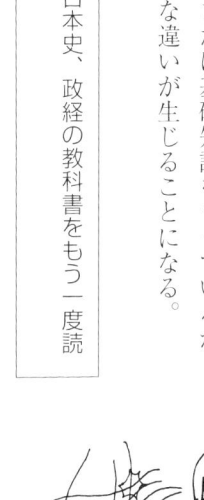

●半径二mの世界からの脱出──毎日、新聞を読もう

ところで、今どきの若者は自分から半径二mより外の世界には無関心といわれるけれど、君もそうかい？　法学部の学生である君には、もう一つこれから身につけることがある。**社会や政治の動きに関心をもつことだ。**これからは、わかろうとわかるまいと、とにかく毎朝、新聞を読み、夜にはテレビのニュースを見るように心がけよう。

毎日、政治面や国際面、社会面を読み、または見ているうちに、今、社会で何が起きていて、何が問題なのか、

もうひと言、ふた言2　社会の出来事に関心をもとう

二〇一五年夏の安保法制審議を取り上げてみよう。君は、連日連夜国会の正面付近で延々と安保法制に抗議の声をあげていた数えきれない人々の姿をテレビ・ニュースで見たことがあるだろう。

あれだけ多くの国民の集団的自衛権行使への疑問の声や反対にもかかわらず、安倍首相はていねいに説明するとは言いながら、まともに野党の質問に答えようともしなかった。さらに、政府・与党は審議時間が多いことをあげて、まるで審議が尽くされたかのようによそおい、委員会で強行採決が行われ、法案は成立した。憲法学者だけでなく、法制局元長官や最高裁元判事、元長官でさえ憲法違反と判断した。にもかかわらず、政府・与党はどこ吹く風であった。

こうして一内閣の判断によって長年積み重ねてき

政治はどのように対処しようとしているのか、などがだんだんわかってくる。私たちの国がどんな問題を抱えているのかがみえてくる。それをどう考え、どう対応すべきか、君も考えてみよう。*ひと言

一八歳の君は選挙権をもつことになった。国民の一人としていいかげんな選択はできないよね。

社会には様々な問題があり、これらを解決するために、法律が作られる。そしてこの法律に基づき、責任のある行政が実際の対応措置をとっている。国会で作られる「法律」こそが、行政に権限とそれを実施する手段を与えるのだ。「法治主義」を採用する現代社会での法律のもつ重大な役割がここにある。

法律が作られる前提となる社会のいろんな問題について知っておかないと、立法の良し悪しが判断できないし、結局は法律の正しい解釈もできないことになるのだ。

た憲法解釈があっという間に覆されてしまうのを、私たちは目の当たりにした。国民の疑問や反対を一顧だにしない政治って、いったい誰のための政治なんだろう？　国民主権とはいうものの、国民は本当に政治について決定権をもっているのだろうか？　民主主義とはいうものの、決定の前に十分な議論が行われただろうか？　憲法の三大基本原理の一つである平和主義が問題だったのに、議論も尽くさず、数を頼りに決定するのは、多数派の横暴と言えるだけでなく、立憲主義の無視そのものではないか？　君はどんなふうに思った？

ポイント2

これからは、新聞を読み、テレビのニュースを見よう
（情報収集にはインターネットも活用しよう）

April

4月

入学おめでとう

今の君は、これから法律を学ぶスタート・ラインに立っている。その意味はこうだ。

君よりよくできた級友は、エリート大学や偏差値の高い大学（いわゆる有名大学や一流大学）へ進学したはずだ。彼らは、確かに高校時代に頑張り、よい成績をおさめたのだから、当然と言えるかもしれないね。君はフツーの大学にいるわけだから、彼らとの間には大学のネーム・バリューでは「差」ができた。

でも、少しも悲観することなんかない。**連中と君とは法律を学ぶという点では今まさに「同じスタート・ラインに立っている」のだ。**数学や英語では差をつけられてしまったかもしれないが、「今は、なんの差もない」のだ。君の頑張り次第では、四年後には、今度は君が違いを見せつけることが可能だとは思わないか？　**法律なら君の方が優れているかもしれないぞ。**

この本の忠実な読者である君は、すでに歴史や公民のおさらいをすませて、準備は整っているはずだ。早くも、ほんの少しだけど君は連中よりも先行しているのだ。

何でもそうだが、「基本」は単純なことやその繰り返しで、正直、あまりおもしろくない。でも、**基本をおろそかにすると上達がおぼつかない**ことは、みんなも知ってのとおり。たとえば、テニスや野球の素振りは、何度も繰り返しているうちに安定し無駄のない動きとなりフォームも美しくなる。そうなって初めてプレーヤーとして戦えるようになる。法律も同じだ。最初はそのことの意味や意義がわからなくても、先生から言われたことなど基本的なことは、黙々とやってみることだ。そうするうちに、見えてくるものが必ずある。つまらなかったり、おもしろくなくても、頑張り続けよう。あるとき、ふっとできるようになるし、わかるようになるから。

ついでに、もう一つコソーッと教えちゃおう。

これまでは、国語も英語も物理も社会もすべての科目で良い点をとった者が「優秀な生徒」だった。違う言い方をすると、まんべんなく総合的な成績をおさめる必要があった。これからは違うよ。大学は深く物事を学ぶところだ。だから、極端なことを言えば、法律のなかで君が最も関心のもてるものだけをしっかりやればよいのだ。これからは、むしろ一つに集中して学ぶべきなのだ（もちろん、法律それぞれは関連するから、言葉の厳密な意味での一つだけにはならないけれど）。

大雑把にいうと、一・二年次に基礎的な専門科目に触れるから、三・四年次には、それらをさらに深く学んだり、発展的専門科目を扱うゼミに入ればよいのだ。そうして、たとえば民法や商法のなかから、さらに専門的な債権法とか会社法などへ進み、より詳しく学ぶことになるのだ。
すでに君は、良いスタートをきった。その調子で、ガンバレ！

入学式・オリエンテーション

●書類の山──大学からの大事なお知らせ

入学式のすぐ後に、教務委員から「科目登録の仕方」などについて詳しく説明がある。続いて、または日を改めて、学生委員から「学生生活の送り方」などについてのガイダンスやオリエンテーションがあるはずだ。これらはどれもとても大事で、知らないと損をするから、よく聞いておこう。

とは言っても、一度にいろんな情報を詰め込まれるので、いちいちその重要性や影響について理解できないかもしれない。けれど、そのときに渡されるガイドブックなどの資料を、家に帰ったらその日のうちにパラパラとでも読み返すことが肝心だ。大学では、一度連絡したことはみんなが理解したものとみなされるから、二度目はない。また、人は聞いているようで聞いていないもので、大事なことを聞き忘れているかもしれないからね。

とにかく、いろんな配布物があるのだ。最初は様々な書類を提出しなくてはならないけれど、その場所や時間など大事な連絡は必ず印刷物に書いてあるから、ちゃんと読むことが肝要だ。

●掲示板で情報チェック

大学では、基本的に学生への連絡は「掲示板」でされるから、学校に来たらまず法学部の掲示板を見なくてはならない。近頃はインターネットや携帯から大学や学部のホームページにアクセスでき、必要な情報を入手できるようになったけれど、登校したら掲示板を見るのを忘れないように。

一日のうちに何度か入れ替えや追加もあるから、機会あるごとに掲示板を見よう。そして新しい情報は友達にも教えてあげよう。

ポイント3　大学の掲示板をいつもチェックしよう

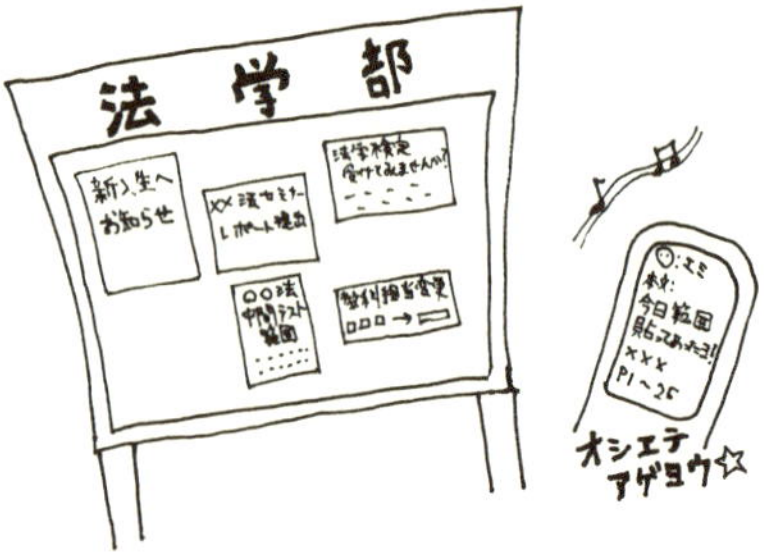

●キャンパス・マップ

入試の前に一応の下見はしたと思うけれど、キャンパスのどこに何があるのか把握しておこう。法学部の建物はどこか、教室やその内部はどうなっているのか、法学部の「掲示板」と「休講表」（先生が学会や病気などで休講になることが何回かある）はどこにあるのか、医務室、学生課、厚生課（奨学金や学割等の手続きでお世話になる）などの位置も確認しておこう。それから、レストランや自動販売機、文具売場、本屋（学生の福利・厚生の一環だから、一般よりは確実に安い）の場所も要チェック。

ポイント4 キャンパス・マップを頭に入れよう

科目登録

●ムダのない「時間割」を作ろう

なにはともあれ「科目登録」がいちばん大切。一年生の場合、一般教養の科目と専門科目が配当されている。これらの中には語学や憲法、民法概論のように「必修科目」*があり、曜日と時間が指定されている場合がある。この場合、指定どおりに受けなくてはならないから、選択の余地はない。

【必修科目】　法学部で法律学を学び、修了するために必ず履修しなければならない科目。

もし、語学が火曜日の二限に指定されているとすると、その前後の一限や三限に、適当な科目を選択すれば、火曜はムダなく過ごせることになる。極端な話、同じ日の一限と五限に必修が指定されていれば、その間の二・三・四限で**うまく科目登録してムダのない「時間割」を完成させれば、充実した一日を過ごせる**（一日五時間びっしりはキツイかもしれないけれど）。途中が空いて時間つぶしに困るより、よっぽどいいと思うよ。なにしろ一限は一時間半だからね。

たとえば、語学だと必ず予習しておかないと、あてられたときに困るので（出席だけしとけばいいと思っていたら、大間違い）、語学の前は空けて図書館で最後の準備時間に充てるというのも一つの方法だよ。

社会人になってからのことを考えれば、**外国語を少なくとも一つはマスターする（なんとか日常会話ができるようになる）のは、絶対条件だ。**外国との関係がない職場なんて、もうありえない時代になっている。たとえば英語なら、学ぶ環境がこれほど整っている外国語はないと言っていいだろう。どの大学でもいろんな語学のコースが用意されているはずだ。大学にいる間に英語力を証明するＴＯＥＩＣ（トーイック）などのハイ・スコアを目指そう。

少し視点を変えてみよう。日本語の文法ってややこしいし（動詞や形容詞の変化を思い出してみて）、語彙《ごい》も多いよね（一人称だけでどれだけある？）。でも、君たちは幼児の頃にそれを耳で聴いて、オウム返しに口にしてマスターしたんだよ。文法の簡単な外国語なら、同じやり方でマスターできるんじゃないかな。要は、外国語に接する絶対量が足りないのだろ。**みんなの前で間違っては恥ずかしいなんて思わずに、喋ってみるんだよ。君が話そうとすれば相手は聞いてくれるし、それでコミュニケーションは成立する。次には、**

もう少し上手になろうと練習すればいいのだ。必ず喋れるようになるよ。少し頑張ってみようか。

●限度いっぱいの科目登録をしよう

それから、三年生までは毎年最大限の単位取得をめざすなら、大学で許されている限度いっぱいの科目登録をしておくのがベターだ。自分ではちゃんと勉強してしっかり対策をとったつもりでも、試験を失敗することもあるからだ。想定外の設問であったり、準備が不十分なところについて出題されたりと、人生にはいろんな不運がつきものだ。

一～二つの科目は取り落とすかもしれないことを想定して、限度いっぱいの登録で「保険」をかけておくこと。こうすれば毎年四〇単位取得はそんなにむずかしいことじゃない。

ポイント5
限度いっぱいまで科目登録し、時間割は途中を空けないようにしよう

●欠かせない科目についての情報収集―先生もいろいろ

もう一つ大事なのは、受けようと思う「科目について情報収集」することだ。まず参考にすべきなのは「シラバス*」だ。講義の目標や内容、毎回のテーマ、試験や成績評価方法、テキストなどについて必須情報がある。

【シラバス】 学生の科目選択および予習に役立たせるために講義の概要と進行計画を示すもの。この他に、成績評価の方法やテキスト、履修上の注意などが記載される。

でも、これは一応のタテマエだから、実態とは違う場合が往々にしてある。クラブやアパート、高校などの「先輩からのホンネ」の事情聴取は欠かせない。一番のポイントは、その先生の採点が甘いか辛いかだろう。単位が取りやすいかどうかは、最大の関心事だ。

◆「仏の◯◯」

どこの大学にも「仏の◯◯」と異名をとるものわかりのいい先生がいるものだ。リベラルがインテリのあるべき姿などと単純に思っているのもこのタイプだ。この先生の講義に大半の学生は集中する。試験の答案があまりに多くて、まともに答案を見ることさえままならなくなってしまうから、採点が大雑把になり、場合によっては、何を書いても合格点をくれたり、優を乱発してくれたりすることがある（そうすると、翌年はさらに受講生が殺到するという悪循環に陥ってしまうのだ。楽になるために、この悪循環を何年かに一度大量不合格で断ち切ろうとする場合もある。そんな年は学生の「聞いてないよー」と運命の悪戯《いたずら》を呪う声がキャンパス中にあふれることに)。

　簡単に単位がもらえるとなると、学生は講義を真面目に聴かなくてもなんとかなるので、学習意欲をなくしたり、サボり癖がついたりする。先生は学生が真面目に聴かなかったり、初めからやる気がないので、十年一日のごとく退屈な講義を続けたりする場合もある。はたして、この先生は「いい先生」なんだろうか。

　たとえ毎年担当する科目が同じでも、学生がより理解できるように、あるいは興味をもたせるために、教え方や取り上げる話題など工夫できる点は多くあるはずだ。物わかりがよいというのは、裏を返せば、学生に「もっと、もっと」と要求しないこと、つまり甘やかすだけなので、本当は**学生のためにはならないのだ。教師としての義務を放棄している、いい加減な先生だ。**

　学生には絶大な人気があるかもしれないが、学生のこと

をちっとも考えていない典型的なダメ教員で、大学をつまらなくする元凶の一つがこれだ。

◆「鬼の○○」

じゃあ、反対に「鬼の○○」はいい先生なのだろうか。これもいちがいには言えない。厳しければそれで良いかというと、そうではない。

このタイプの先生には、概して真面目な人が多い。大学なのだから、それなりの水準の講義をすべきだと意気込んでいて、学生の反応には無頓着に高度な内容の講義を延々と続けたりすることも……。しかも、時間オーバーしたりして。

一生懸命教えたのだから、当然のことながら、学生も一生懸命学び、十分理解したはずだ、と「鬼の○○」先生は思い込んで疑わない。それだけに、試験の採点は辛く、大半の者が不合格になったりする。学生のできが悪いと、あれだけ教えたのに「バカばかり」と怒ったりする。

学生にあるレベルを求めるなら、そのレベルに多くの者が到達できるような「わかる講義」をしなくてはならないはずだ。学生の反応に気をとめて理解しているかどうか時どき確認しなくてはならないはずだ。その努力を怠っておいて、成績の悪さを学生のせいばかりにするご立派な先生も中にはいる（これは、テメエだけが頭が良いと思いあがっているバカ教員や教育能力を欠いたダメ教員の典型）。

どの大学でも、「授業評価」を実施しているので、教員の教え方などに意見や要望がある場合には、率直にアンケートに書こう。そうすれば、授業評価の担当部局を通じて、先生に君たちの要望が伝えられ、その改善が求められることになる。

改善がみられなければ、またアンケートで指摘すればよい。同じ指摘が何度も続くようだと（アンケート結果がすべてではないにしても）、その先生の教育方法や内容に問題があることになる（担当部局もそれを認めざるをえなくなり、結果として具体的に対処せざるをえなくなる）。したがって、その先生は改善に努力しなければならなくなる。

君たちには「わかる講義を受ける権利がある」ことを忘れずに。

◆判断ポイント

同じ科目が異なる担当者によって行われる並行講義の場合、特に単位の取りやすさが話題にのぼりがちだ。でも、就職のことを考えて、公務員試験の役に立つかどうかといった観点から検討するのも必要だと思う。

先生によっては、理論に興味があってその話の方が多くて、現実的で具体的な話はあまりしないという人もいる。むしろ、判例や学説の分析を多くしてくれる先生の方が試験には役立つはずだ。

この他に、わかりやすく説明してくれるかどうか、自分の考え方を押しつけるかどうか（自説に自信があるのかもしれないが、学問をする者は謙虚であるべきで、自説が唯一正しいなどとおごった態度は間違い。学生には多様な考え方があることを理解させ、そのうえで学生がそれぞれの考え方を展開するように指導すべき）などの判断ポイントがある。

いずれにしても、入学した法学部の先生は限定されていて、たとえば四〇名であれば、そのなかで選ばなければならないわけだから、そんなに選択の余地はないかもしれない。でも事前に調べておいたことは役に立つし、それなりの心構えも促してくれる。毎回小テストをしてそれを単位認定の半分に充てるとか、試験で成績が悪いとレポートを課すとか、遅刻・私語などの受講態度の指導が厳しいとか、いろんな役立ち情報があるはずだ。

ポイント6 科目登録の前に、科目および先生の評判を聞こう

新生活のスタート●学生生活のアドバイス

●「自分で考えろ。」「親に頼るな。」

初めて親元を離れ、または独立して、学生生活を送るようになった君は、まず自分で考えて行動し、自らをコントロールできなくてはいけない。これまで、先生や親に依存していた生活からの脱却をはかることだ。精神的にも金銭的にも。

たとえば、アルバイトをすれば、貴重な体験をし、社会を少し垣間見ることができ、お金のありがたさもわかる。少しでも「自立」しようとすることだ。

「自分で考えろ」と言われても、どのように考えればいいのかがわからないんだよ、と心の中で思った人もいるだろう。でも、みんなはすでに倫理観や道徳心みたいな自分自身の基準をもっているはずだ。自分が正しいと思うことは進んでしなくてはならないし、好ましくない

と思うことはやはりしてはならないのだ。他人はごまかせても、自分はごまかせないよね。もっと言えば、自分をコントロールすることは、ある意味「やせ我慢」でもある。自分にとって超えてはいけない一線は、何があろうと超えてはいけないのだ。

若ければ、少々のことは許される、大目に見てもらえる、なんて甘い考えは社会では通用しない。ルールを学ぶ法学部生が社会や自分のルールを守れないなんて、しゃれにもならないぞ。

●大学は自由なところ

何をしてもしなくても、誰からも何も言われない。自由だ。だが、前向きな学生生活を送ろうと思ったら、君が自分から何事にもかかわっていかなければ、何も得られないだろう。たとえば、

❶ 勉　強　何百人もいる学生のなかで、君が理解しているのかどうか確かめることは、教員の側からはほとんど不可能だ。君が質問したり、話に行かなければ、教員は講義で一方的に語るだけになってしまうよ。

❷ 友だち　入学したばかりで、みんなお互いに知らない人ばかりだ。必修科目の語学な

どのクラスでいつも一緒になる人に話しかけてみてごらん。彼らは学生番号の近い人たちで、これからずっと一緒に学ぶことになる人たちだ。彼らとの人間関係は大切にした方がいいよ。

❸ クラブ活動やサークル　あの手この手の勧誘に、君も驚いているかもしれない。先輩たちが声をかけてくるから、君は選ぶだけでいい。クラブ活動は学生のときにしかできないことの一つだ。それは、多くの人との出会いを提供してくれ、生活にリズムやメリハリをつけてくれ、青春をぶつける対象でもある。君の人間性を高めることにもつながるから、オススメだ。

なかには、クラブを装ったエセ宗教や過激な政治活動のグループなどもいたりするから、注意するように。よく確かめてからでないと、携帯の番号や住所などを教えてはいけない。嫌なものにははっきりとNOと言おう。

世間ずれをしていない君たちのナイーブさにつけ込もうとするものが、キャンパス内外のあちこちにいるから気をつけよう。トラブルが生じたら、すぐに学生課や警察、消費者センターなどに相談しよう。

●自分探し

今、何をしていいのか、自分は何なのかわからないまま、迷いながら日々を過ごしている人も多いだろう。だけど、自分が何者なのか、何のために生まれてきたのか、将来どうすべきなのか、そんなことは今わかっていなくてもいいんだよ。高校を出たばかりで、わかってる方が少ないだろう。

これから、ゆっくり四年間のうちに見つければいいのだ。時間はたっぷりあるから、いろいろと考えてみよう。当座は、関心のもてることをすればいい。焦らず、将来の自分がどうあるべきなのかを考え、イメージしてみることだ。「未来図」が見えてきたとき、その方向へ一歩踏み出せばいいのだ。

場合によっては、それは法律とは縁もゆかりもないかもしれない。でも、それでいいじゃないか。その答えは、法学部に来て、考えたからこそ見つけられたわけで、他では見つけられなかったと思うよ。回り道に思えても、本当はそれが近道だったかも……

●何事も一生懸命に

学生のときにしかできないことがある。勉強、スポーツ、恋など。どれも一生懸命大切にしなさい。結果として、人生というのは不公平で、みんなが勝利者になれるわけではないことを否応なく知らされることにもなるけれど、成功や挫折、喜びや悩み、これらの経験がみんな、君という人を磨いてくれる。君が一生懸命頑張った経験が、君の宝物になり、将来君を何かにつけて元気づけてくれる。一生懸命に努力した者だけに与えられるご褒美《ほうび》だ。

一度しかない人生を、有意義に生きるにはどうしたらいいか、もっと具体的には、大学で何をするのか考えてごらん。

たとえば、あの日、たまたま隣に座っていた見知らぬ人が親友になったり、サークルで出会った人が一生をともにする人だったりすることに。また、ゼミ発表のために図書館で夜遅くまで頑張ったことや、発表グループ内であでもないこうでもないと議論を重ねたこと、もっと上をと精進を重ね、自分なりのノウハウの獲得やうまく行ったときの達成感など、様々に充実した学生生活を君は送ることになる。それらは、就職面接や将来何かの折りに、語りきれないほどの「君の人生」になる。

こんなふうに、いろんなことが君を待っている。それも、君がかかわるかどうか、つまり、君次第なのだ。

講義開始

第二週くらいから始まる講義も、一回目は、受講の心構えや講義の進め方、試験についてだとかの話で、実質的な講義は、これからぼつぼつ始まるのだ。というわけで、講義って何だ？　どんな心構えで受講すればいいんだろう？　なんて疑問があるはずだ。

●法学部で学ぶこと――リーガル・マインド

法学部で学ぶことを一言で言うと、〝「リーガル・マインド」、「法的思考力」、「法的なものの見方ないし考え方」などの取得〟と、どの大学案内にも出ている。なんだかむずかしそうだ。が、法学部に来た学生みんなが法律家になるわけではなく、ほとんどは一般社会に出て行くことを考えると、つまり**「法律を素材にして、論理的な物事の考え方を身につける」**のが**「法学部の学習目標」**ということだ。

法律の存在理由、もっとわかりやすく言うと法律の役割は、社会の潤滑油なんだと思う。

法律に従って人々が生活することでトラブルの発生を予防し、もし発生した場合には、人々によってあらかじめ定められたルール（法律）に基づいて、これを解決する、そしてみんなが平和に暮らす。こういう意味での潤滑油だ。

このときに決め手となるのは、法律にどのような定めがあるかということだ。ある法律の何条にこういうふうに書いてある、だから私の行動は正しいと主張することができる。すると問題は、書いてあることの意味を確定する作業＝「解釈」が大事ということになる。日本語としての言葉の意味や法律で定められた用語の定義、法律制定の目的や国会審議中の提案趣旨説明などを総動員して、そこに書かれていることの意味を探り、明らかにするのが解釈だ（参照50〜51頁）。

●身につけたい「クセ」――「なぜ」の問いかけ

この作業に筋道が通っていなかったり、論理に飛躍があったり、欠点があったりすると、みんなが「何か変だなー」とか「おかしいぞ」と思うから、人々の納得を得られないことになる。要は、**筋道の通った、階段を一歩一歩登るような着実な論理の展開が必要なんだ。**このようにアプローチしてこそ、人々も「なるほど、考えてみるとそういうことになるなー」なんて納得してくれるのだ（説得力をもつことになる）。**筋道を立てて論理を展開すれば、わかりやすいし、ポイントを突いているから問題へのアプローチが素直で、物事の解決方法や解決案が具体的で現実的ということになる。**

こういう一連の作業を、「法律を素材（出発点）にした物事の考え方」という。物事を論理的に考えることを身につけるのが法学部の目標だ。一般社会で法律にかかわる仕事をしなくても、物事をいかに論理的に考えるかを身につけておけば、どんな分野の仕事でも立派に役立つというものだ。

これからは、とりあえず、**「なぜ」自分はそう思うのかという「理由」をいつも説明できるように、物事を考えることを心がけよう。**そういう「クセ」をつけるのだ。

ポイント7 ちょっと理屈っぽくなろう

●どこに座ろうか―聴く・見る、そして理解する

憲法や民法概論のような基礎科目*は、法学部の新入生のほぼ全員が受講する。私立大学だと一つの講義の受講生が、多い場合には数百人もということになる。こうなると、いわゆる大講義になり、教室はとても広くて、先生はマイクを使ってしゃべるから、声は聞こえても、座る場所によっては黒板の文字がよく見えないなんてことに。

【基礎科目】 法律学を学ぶうえで基礎となる専門科目。憲法、民法など。

そこで、「席取り」が激しくなったりする。前の方でも端だと、光線の加減で黒板の文字が読めないことも。多くの先生は、何度も繰り返して説明し、具体的事例を挙げたりする。板書も大事なところは色を変えたり工夫をする。ほとんどの先生は、学生が講義を理解しなくては意味がないと思っているはずだ。なかには、学生が理解しようがしまいが、言いたいことをしゃべりまくって、これを講義だとする先生もいたりなんかするけれど……（ウ～ム、「教授の自由」は奥が深いのう）。

●講義のポイントをつかめ

講義を受けるとは、どういうことだろう。それは、何か新しいことを理解するということだ。知らないし、わからないから学校に来ているわけで、毎時間、何か新しい知識などに接して知的好奇心を満足させることだ。先生は、その日に何を扱い、どこまで到達するかという講義の目標を立てている。九〇分の講義のなかに、必ず大切なポイントがいくつかあるはずだ。それがわかればいいのだ。

●スタートは流し読みの予習から

でも、ただ出席して聴けばいいということではない。「予習」が必要だ。その日に何を学び、どの判例を扱うのかといった情報は、本来なら「シラバス」に載っていることだ。シラバスの予定どおりに進まないこともままあるので、たいていの場合、先生は事前に予告してくれるはずだ。予告がなくても講義に出ていれば、今、何を学んでいるか、また進み具合いもわかっているから、次の予定もみえてくるはず。

予告や予測に基づいて、関連する頁には必ず目を通すこと。わかろうがわかるまいが、とにかく一つのまとまり（章とか節）でテキストを読んでおくのだ。二～三度目を通せば、だいたいどういうことを扱っているのか次第にわかってくるはずだし、なかには読むだけで簡単に理解できることも多くあるはずだ。一回の講義でいきなり何ページも進むことはあまりないから、一つのまとまりで読んでおけば数回分の準備になり、全体像がわかっているから余裕がもてることに。予備知識があれば、講義がよく理解できるぞ。要は、読んでも意味がよくわからなかったところや、こんなことかもしれないけど自信はないなというところに目印をつけておくのだ。線をひいたり、ふせんをつけておけば、すぐに場所が特定できるよ。

それから、**前回のノートに必ず目を通すこと。**時間のないときは、これだけでも相当理解が違う。

●その日のうちにわからないところをなくそう

講義に出たら、目印をつけたところに関係する話をよく聴いて、わからなかったところがいったいどういうことなのか、理解することを心がけるのだ。先生の説明がよくわからなかったら、講義中に質問してもいいし、講義の後質問してもいい（オフィス・アワー*なんかにこだわらず、問題が発生したときに先生をつかまえてどしどし質問しよう）。

【オフィス・アワー】 教員が研究室に在室して学生の質問を受け、相談などに応じる時間。誰でも予約なく訪問することができる。週一回程度設定されている。

とにかく、**わからないところをなくすこと、これが理解のための最良の方法だ。**ベストは、その日のうちにわからないところをなくすことだ。

ポイント8 テキストと前回のノートに目を通すだけでもいいから、「予習」を欠かさないようにしよう

ポイント9 「質問」はどしどししよう

●予定どおりに進まない講義の魅力

講義を何度か聴けばわかることだが、予定どおりには進まないのが常だ。極端な場合には、ある頁の中で数行しか触れられていないことについて、先生は長々と話

したりするし、今まで話していたことに関連して、テキストには載っていないことについて語ったりする。新しい判決を解説し、学説や判例の動向についても触れて、最近の動きについて自分の考えを述べたりもする。

どの先生も新たな考え方や判決には敏感だし、常に先端の事柄を押さえようとしているから、注意深く聴いていれば、先生の今の関心がどんなところにあるのか、ちょっと見えたりすることもある（これがわかれば、君は相当いい線を行っていることになる）。

ここの部分は注意して聴き、しっかりノートを取らなければならないところだ。テキストではカバーできない部分だからだ。

そうこうするうちに、「そういうことなのか！」とか、「あれっ、ちょっと今までの話と違うぞ！」なんてことにも気づくようになる。そんな気づきや知的好奇心は大切だ。興味をそそられ、おもしろいなと思ったことは自分でどんどん調べてみよう。もっともっといろんなことを知りたくもなるし、関連する事柄も押さえておきたいよね。納得できるまで、気の向くままにのめり込んでしまおう。

誰も答えを知らない、考えたこともないテーマにアタックすることほど自分が高揚することはない。君がそのことのパイオニアかもしれないよ。こんなふうにやる気が出てきたときには、君はすでに「学問の世界」にどっぷりとつかっているのだ。

毎日のちょこっと復習

大学の教員は教えることのプロだ。もし、それが十分に準備された講義であればなおさら、聴いているだけでなんだかとてもよく「わかったような気」になるものだ。複雑で難解なことをまるでスゴーク簡単そうに説明してくれるので、ハハァーと思っているうちに、次のテーマに移っていたなんてことに。

わかったような気だけでは、本当にわかったことにはならない。人間はすぐに忘れてしまう動物だ、それは教員も一緒。教員がなぜ忘れないかというと、ちゃんとノートやメモを取り、忘れないように時どき見直して、理解を深め、結果として記憶というメモリーに刻みつけているからだ。

君たちは、帰ったら、その日のうちにノートを見直して、大事なポイントがどれかを特定し（先生が何度も説明したり、大きな声を出したり、黒板を叩いたり、チョークの色を変えたところだよ！）、そのことの意味がどういうことなのか、場合によっては、ノートだけでなくテキストも読み直して、もう一度確認しなくてはならない。その日のうちなら、まだ記憶も新しく、名講義の部分部分を思い出すことも簡単だ。
これが毎日の復習だ。講義をしっかり聴いているからおおそは理解しているし、要点を再確認するだけだ。慣れてコツをつかめば、そんなに時間はかからなくなって、ちょこっとですむようになる。

●見直し復習

次に、一つのテーマが切りのいいところまで進んだり、終わったときに、さらにもう一度、全体との関連で見直したり確認したりするのだ（「見直し復習」）。

「毎日のちょこっと復習」と、**まとまりのいいところでの全体との関連での「見直し復習」（ここでもう一度記憶を確かなものにし、さらに全体の中で理解し、もしあるならば他の事柄との関連も把握すること）**が必要だ。このようにして、「二段階復習」を心がけ、記憶を新たにすれば、忘れないし、理解も深まる。

四月中に予習と復習のクセをつけよう。とりあえず三週間続けてみよう。そうすると、ある程度のコツが身につき、毎日の「ルーティーン」として習慣化することになる。そうなれば、君の法学部生活は「勝利の方程式」に乗ることになる。

ポイント10
「二段階復習」で完璧をめざせ。「毎日のちょこっと復習」を忘れず、切りのいいところでの「見直し復習」を心がけよう

●条文と判例のチェック

関連条文と判例は、出てくるたびに必ず確認するクセをつけよう。条文を覚える必要はないが、必ず六法で確認し、読むこと。何度もしているうちに覚えてしまうこともある。法律学では、条文が最強の根拠だし、最高裁の判断（判例）もそれについで重要だからだ。

判例を何で確認するかだけど、憲法や民法の先生が初学者向けの判例集をテキストとともに購入するように指示している場合には、それを使うのがベストだ。指示がない場合には、『憲法判例集（新書）』や『民法判例集』（どちらも有斐閣）がコンパクトで便利だし、「判例百選のシリーズ」もいい。図書館に行けば、いろんなものが揃っているはずだ。パラパラとめくってみて、一番自分に合っている、またはわかりやすいと思うものを選べば

いい。どれにも教科書で扱う基本判例はのっているよ。

予習・復習の大事さについてはわかったけれど、具体的にはどんなふうに勉強すればいいのだろう。これから、「勉強の仕方」、特に「学説と判例の押さえ方」について奥義を披露しよう。これで君も免許皆伝《かいでん》だ。

ポイント11
関連条文と判例は必ずチェック

本の読み方

テキストの関連頁を読むという「予習」について触れたけれど、「本の読み方」についてもう少し詳しく説明しよう。

何度か繰り返して読むことが大切だ。そうすると、何について説明しようとしているのかがわかってくる。**大事なのは、著者が言いたいことは何なのかだ。**これを正確に把握しなければならない。

つまり、ある事柄についての「章」や「節」では、なぜその事柄が重要で、問題になるのかを示したうえで、歴史的な経緯や外国の例との比較などから説明に入っていく。さらに関係する学説を検討したり、関連の判例にも触れたりなどのアプローチ方法で、その事柄を多角的に分析・検討して、問題の事柄を明らかにしようとしているはずだ。それらをメモしたり、要点を整理したりして、しっかり押さえるのだ。

●学説の押さえ方

学説の検討では、「通説」とか「多数説」「有力説」と呼ばれるものに注意すべきだろう。「多数説」とか「通説」と呼ばれるものは、仮に少々の欠点はあっても、それ以上に説得力のある根拠を示しているからこそ、多くの人が支持しているわけで、学説としてそれなりの確からしさがあるとみるべきだ。

これに反対するときには、相応の理由を提示しないと、学説に対する理解が不十分と判断されかねないから注意しなくてはならない。そういう意味で、要チェックなのだ。

具体的には、ある学説は何を「主張」しているのかを押さえることが第一だ。次に、その「根拠」は何かを押さえること。そして、その根拠は本当に主張を支えるものなのかどうか、検討・吟味しなくてはならない。最後に、自分にとって、それが腑《ふ》に落ち、納得で

奥義
学説と判例の押さえ方
通説
有力説
多数説
最高裁判例
バサバサバサ
名前そのまんまじゃん!!
ガーン

ヅ…ツラじゃないさ!!
風が吹いても大丈夫っっ
主張
根拠
検討・吟味
なんかあやしいのよね!!

バシッ
学
有
おーっと有力説の右ストレート
学説に効いてるじゃないっスカ?!

きるかどうかという「評価」をする。

学説すべてについて同じ作業をし、主張と根拠の対照表を作るなど整理をすれば、さらにベター。それぞれの説を比較検討してみると、いろんなことが浮き上がってみえてくる。ある説が他の説を批判し、自説を根拠づけようとしているなら、他の説はそれに反論し、弱点と指摘されていることについて補強しようとしているはずだ。

それぞれの説には「長所」だけでなく「欠点」もあったりするから、これらを正確に把握し、これらへの批判や反論を考慮に入れ、要するに、**学説の対立を踏まえたうえで、自分はどう判断するかが問題になるのだ。**ある説を支持するのか、それとも反対するのか、既存の学説には飽きたらず自分なりの考え方を提示するのか、いろんな反応や態度決定があるはずだ。

いずれにしても、最後には自分の考え、または立場を明確にしなければならないのだから、**なぜそのように考えるのかという「理由」を明示できなければならない。**

◆正解は一つではない

君たちの戸惑いの一つに答えよう。**正解は一つではないのだ。**高校までに身についた、いやむしろ君たちのDNAの中に組み込まれてしまった考え方、つまり、教科書には一つの正しい答えが示されていて、先生の言うことは正しいとする考え方は、ここで捨てなければならない。数学の問題の解答のような唯一の正解はないのだ。**いろんな学説のどれもが正しく、またはどれもが間違いということがありうるのだ。**

学者が束になってかかっても、唯一の正解に到達できず、いくつかの相反する学説が並立しているということは、そのどれもがそれなりの根拠をもっているということになる。専門の学者にあってもそうなら、学問の入り口に立ったばかりの学生のレベルだと、当然のこと、存在する学説のどれもが正しいと考えて差し支えない。

そうすると、次に問題になるのは、そのなかで君が最も道理にかなっていると考える学説はどれかということになる。

◆筋道を立てて考える

君たちが当然そう考えるように、正しい答えを発見し、そこにいたることは大切だ。誰もがここに目標をおく。だが、「本当に何かが正しいと言えることってあるだろうか?」と自問してみると、正しさとは、多くの場合に相対的なものだと思えてくる。

ぱっと目には絶対的な正当性があると思われる生命の尊重だって、ある人々には生命よりも自らの名誉や掲げる大義の方が大事だったりする(こういう考えが正しいかどうか、君たちも考えてみよう）。
　すると、問題は、ある考え方がいかに正しさらしさをもっているか、言い換えると、いかに筋道立っているか、つまり道理に適《かな》っているか、論理的かということになる。絶対的な正しさを求めるのはもっともなことだが、出発点としては、筋道を立てた考え方をするということだ。自分がそう思い・考えるのはなぜか、その理由をいつでも明らかにできるように努めることなのだ。

　論理的であれば、自然に説得力をもち、他者も納得し、その支持を得ることになる。言い換えれば、結論にいたる思考のプロセスが筋道立つようにすればいいのだ。そして、こうしてたどり着いた「結論」が、誰もが納得できるようなものであれば、それが正しい可能性は大きいと言えよう。

ポイント12　学説を吟味して、自分なりの評価をしよう

●判例の押さえ方

◆最高裁の判例

同じように、判例の検討も重要だ。最高裁がどのような考え方をしているのかは、**実務のうえで、つまり具体的紛争処理の観点で、ものすごく大事だ。**どんなに雄弁に論じても、最高裁がそれを採用せず、判決を下せば、最高裁の判断に従って問題の紛争は解決されることになる。最高裁がいったん態度決定すれば、よほどの事情がない限り、その変更（判例変更）は簡単にはなされない。だから、実務的には、最高裁の判決が至上の存在なのだ。

判決の効力は当事者限りの個別的なものだというのが原則だとしても、**最高裁の判決は下級審が従わなくてはならない「先例」としての役割を果たしているのだ。私たちが従わなくてはならない一種の「法」だと考えてよい。**＊ひと言

私たちにとって、お金と手間暇のかかる裁判をするなら、もちろん勝訴しなくては意味がない。だから、最高裁の判例を知らなければお話にならないのだ。最高裁も判断を間違うことがあるから、その場合には厳しく指摘して、判例変更を促さなければならない。そういう意味で、新たな判断を得るための裁判闘争は意味があることになる。

裁判とは、具体的な争いに法律を適用して、争いを解決することだ。法律を適用するためには、その法律の意味を知らなければならないから、「解釈」が不可欠になる。法律の解釈とは、条文を手がかりにして、立法趣旨や基本原則を明らかにしつつ、具体的事件に当てはめるべき妥当な「ルール（規範）」を導き出すことだ。これを具体的事実に当てはめて、問題の争いを解決することをはかるのが裁判だ。

君たちは、最高裁がどのように結論を導き出しているのか、そのプロセスを注視して、その考え方（判決理由）や結論（判決主文）が妥当かどうかを

もうひと言、ふた言3

最高裁の判例

憲法の建前では、それぞれの裁判所は独立して裁判を行う（七六条）。ただし、三審制を採用しているので、同一事件の審級関係において、下級審は上級審の下位にある。つまり、上訴が行われたとき、上級裁判所は下級裁判所の判決を取り消し、または変更することができる。この意味で上級審の判断は下級審を拘束する。

したがって、最高裁とは違う考え方に立って主張を行い、下級審でそれが認められ勝訴したとしても、下級審の最高裁の判例と異なる判断は上告理由（民事訴訟規則一九二条、刑事訴訟法四〇五条）だから、相手側は黙ってはいない。最高裁が判例変更をしない限り、最高裁まで行けば最後には裁判で負けてしまうことになる。そういう意味で、最高裁の判例は実務的には大変重要なのだ。

検証しなければならない。当然、法的問題点について、学説の立場からどのように評価すべきか検討するし、下級審の判決との比較や、従来の最高裁判例に沿ったものかどうかなどの検証過程を通じて、君たちは様々の感想や意見をもつことになるだろう。それが、最高裁判決への君たちの評価ないし意見になる。

そして忘れてならないのは、この判決がどんな意義をもち、将来的にどんな影響を及ぼすか、その射程を考えることだ。この場合には、法律雑誌などの「判例評釈」や「学術論文」を参考にすることになる（この作業は三〜四年生のゼミでは必ずと言っていいほど要求されるものだが、今の段階ではできなくてもいい。もちろん、三〜四年生のゼミでも学者レベルのものが要求されるものでないことは確かだが、それに一歩でも近づこうとする姿勢ないし努力の跡があれば、とても良い評価を受けるだろう）。

なんだかむずかしい話になり過ぎちゃったかな。

◆大事だと思う部分をチェック

では、一年生の場合はどうすればいいのか。初心者用の判例集では、判決の大切な部分が初めから抜き書きされている。だから、指定された判例を読むときに、自分が大事だと思う判決理由の部分に下線を引くなどしてチェックしておくのだ。

講義で先生が引用して判例を分析する部分と重なるようになれば、君は相当イケテルと思って差し支えない。法的センスがあるかもしれないぞ。

ポイント13 最高裁の基本判例はしっかり押さえておこう

やる気のある君のために少し補足しておこう。**講義で君たちが学ぶのはすべて基本判例だから、「全文」を読むことを心がけよう。**判例のデータ（裁判所名、判例に付けられた事件名、日付、条文など）から『判例タイムズ』や『判例時報』などで、または図書館でLEX-DBなどのデータ・ベース（大学によって使えるデータベースは異なる）から、お目当ての判例を見つけることができる。

まずは無心に全体を読んでみよう。次に、当事者の主張、対立点、それらについての裁判所の判断はどうかを確認しよう。そのうえで、教科書を読んで、裁判所の判断は学説とどんな関係にあるのか、著者はどんな評価をしているのかも確認しよう。そのときに、関連していろんな疑問が出てくるだろうから、それらをメモして、頭の片隅におきながら、もう一度教科書の関連部分を読み直してみよう。いろんなことがわかってくるだろうし、さらなる疑問も出てくるかもしれないね。

判例評釈（判例百選のシリーズ、ジュリスト増刊の各年度の重要判例解説、法律時報増刊判例回顧と展望、法学セミナーの最新判例演習室など）もあるから、それに目を通すのもひとつの解決方法かもしれない。この段階まで来たら、一度先生と話してみることだ。前向きの君に先生からのアドバイスがきっとあるはずだ。

　老婆心ながら、もうひと言。前記の『判例タイムズ』や『判例時報』は学生にとって「便利すぎる」ところがある。一つは、解説だ。**的確で詳しい解説がついている。が、これを先に読まないこと。なぜか。影響されて予断をもつことになるからだ。**だから、「無心に」読むように注意したのだ。自分でどう考えるかを身につけようとしているときに、初めに答えを知ることでよいことは何もない。二つめは、**判示の重要部分に線が引かれて強調されていることだ。**大事なところがすぐにわかる便利ものだが、それだけに弊害も大きい。それが重要部分のすべてかどうかわからないし、この点について当該裁判所のお墨付きもないのに、そこだけ読んでポイントの確認済みとしてしまう輩がいる。**全文に目を**

通したうえで、どこが大切か、自分の判断で決めなくてはならないよ。

今の段階では、間違いは何の問題もない。間違ったら、その理由を追究して、そこから教訓を得て次に備えることだ。学生の間はこれの繰り返しだ。何度も間違いをしているうちに、だんだんと間違えなくなる。最近ノーベル賞をとった大学者も何千何万の失敗をしたと言っていたぞ。君もくじけないで次にチャレンジだ。

◆理論と実際の違い（究極の目標・応用力の会得）

何についてもそうだが、理論や公式などは現実問題に応用できなくては意味がない。

野球では、投手の投げるボールをバットの芯に当てて打ち返せばいいのだが、実際にやろうとすると簡単ではない。何度も練習して、理論を自分のものにして、自分なりの工夫やコツを体得しなければ、試合で好成績を残すことなどできるわけもない。計画的な練習を心がけているプロの天才バッターと言われる選手でも、打率は良くて三割程度でしかない。フツーの君たちはもっと練習や努力が必要だ。

本（しかもそれはアンチョコ本だったりする）を読んだだけで、法律学の理論や学説を理解したと勘違いする者がいる。それはわかった気になっているだけだ。これがどれほどの勘違いか、野球のプロの話と較べたらはっきりわかる。いくら本を読んでも、それだけでは現実には対応できない。現実には一つとして同じものがないからだ。それに適応するには、自分で実際にやってみて「現実の体験から学ぶ」しかないのだ。

法理論を現実に当てはめるには、単なる机上の理論学習だけでは役に立たない。だから、具体的事例・判例の分析・研究はできるだけ数多くしなければならない。誤解しないでほしいのだが、量がすべてと言っているわけではない。ある程度の量をこなさなければ、自分なりのコツは絶対につかめないからだ。

何事も自分でやって、自分なりの工夫やコツを会得できるように、繰り返しの練習・経験が必要だ。上級生になったら、このことを意識の片隅において、勉強しよう。

最強ノート術―先生のタイプ別指南

何のためにノートを取るのか？　それは習ったことを理解し忘れないためだ。そのためには、ノートを何度も見返して、先生の講義・説明の論理をたどり、自分で確認して「ああ、そうか！」と納得する必要がある。

ということは、ノートを取るとは、黒板やパワーポイントをただ書き写すだけではなくて、もう一手間かけて、自分がわかるようにすることがポイントなのだ。

もう一手間かけるとは、どういうことか、先生のタイプに応じてアドバイスするぞ。

●ただ喋るだけで、黒板にはキーワード程度しか書いてくれない先生

教える側としては、君たちに申し訳ないけど、こんな先生も少なくなったとはいえ、まだまだあちこちに生息中だ。話したいことが一杯あるんだなと思ってあげて。学問の世界に生きているので、情報技術の目覚ましい進歩から取り残されちゃってるんだ。ワープロとインターネットくらいは使えるけどね。ただ、聞く方としては困っちゃうよね。

❶この場合は、**一語一句聞いたままを書くしかない**。学生が書くことを考えてゆっくり話してなんかくれない場合が多いので、ある程度聞いた後で要約しようなんて思ったら大間違い。このタイプの先生は、次々と話題を膨らませ、関連する事柄をみんな説明しようとするから、途中でまとめる時間なんてない。

❷ただ、聞いたままを書き続けること。**聞き取りができなかったり、書けなかったところはそのままにして、書き続けることに集中すべし。名講義の終了後、友だち同士でノートを照らし合わせて**、互いに聞き取れなかったところや書き切れなかった部分を**復元する**のだ。自分がわかればいいのだから、きれいに清書する必要はない。書き殴ったところを自分がわかるように**正しく書き直す**ことは必要だよ。その日のうちならまだしも、後からでは忘れてしまって不可能だよ。

ただ、これだけで終わったわけではない。理解するという点では、次のステップが大事なんだ。

❸もう一つ重要な作業が待っている。**読み直し**だ。書くことに一生懸命だったから、内容の理解は今ひとつになっているはずだからだ。今日の講義の流れやメインテーマは何だったのか、何がポイントだったのか、どういう根拠が挙げられていたのか、なんてこと

をまず確認しなければならない。この作業中に書けなかった専門用語を、教科書や用語集などで調べて正しい漢字にしたり、六法で条文を確認したりしなくてはならない。自分が大事だと思うところに下線を引いたり、マーカーで色をつけたり、関係部分を線で結んだり、などをして、その日の講義をもう一度確認するのだ。この作業が復習となる。

こうするといろんなことが見えてきて、疑問が生じたり（これはすぐにメモしよう）、自分なりの「感想（評価）」も出てくるから、その部分のノートの余白にみんな書いておこう（生じた疑問への対処は別のところで扱います）。

イヤー大変だよね。幸いなのは、これが専門科目の全部ではないことかな。でもね、書き直しをすることで頭に入ることも多いので、昔ながらのやり方がまったく間違っているわけではないんだよ。

●黒板に板書してくれる先生

このタイプが最も多いかも。教える側からすると、板書しながら講義も進めるとなると、やはり書く時間が取られるので、講義はそんなに早くは進まない。受講する側からすると予習・復習に時間が取られないし、何よりも聞きながら理解できるのがいい。ただ、説明に思いのほか時間がかかったり、横道にそれたりして、予定どおりに講義が進んでないとなると、先生はその日の目標まで進めるために早口でまっしぐらになることも。

❶**板書をそのまま書き写そう。**教えたいことをしっかりと書けば時間がかかるから、先生はその日の講義の「要点」をうまく整理して書いてくれるはずだ。だから、まずはすべて書き写すことが大事だ。図や関係の線、色使いも、みなそのまま書き写そう。

もちろん、**聞きながら感じた疑問や感想みたいなものは、ノートの余白に書き留めておこう。**後で読み直しをするときにとても参考になるから。

また、聞いてわからなかったことは、そのときに質問しよう。先生は必ずていねいに説明し直してくれるよ。教える側からすると、君と同じようにわからない学生もいるかもしれない、全員の理解をより深めたいと思っているから、**講義途中の質問は歓迎だよ。**わかりやすく説明したつもりでも、君たちにとってはそうではないこともあるしね。

❷書かれているのは要点のみに近いから、どうしても説明部分が不足がちになる。だから、**先生の話で君が大事だと思った事柄や説明部分をノートに書かねばならないのだ。**それは教科書に書いてあることそのままだったり（予習している君はわかるよね。教科書と同じならわざわざ書かなくても大丈夫だ）、**教科書とは違う説明や解説だったりすること**

もある。大切なのは、その部分こそ書き取らなければならないのだ。そうすれば、要点＋説明・解説というノートになって完璧になる。後は、読み直しをするだけ。

❸ 読み直しにそんなに時間はかからない。君はしっかり聞きながら、理解しつつ書き留めたに違いないから。今日の講義の要点やポイントをノートでもう一度確認するだけ。それらを理解できれば、今日はそれでお終い。帰宅後、晩飯前に片づくはず。

●パワーポイントなどプレゼンテーション・ソフトを使ってくれる先生

主流になりつつあるかな、パソコンを駆使してくれる先生は。きれいな字で漢字などの間違いもなくなるのが、お互いにとっていいよね。自戒を込めて言えば、いろんな便利な技が使えるのでスライド一枚についつい内容をつめ込めすぎて情報過多になりがちな点と、いちいち書く手間が省けるので講義の進行が速くなりがちになることが欠点かな。

❶ そのまま書き写そう。できればスマホや携帯で「写メ」しちゃおう（ダメだって言う先生はいないと思うよ）。要点だけでなく、説明・解説も書いてあるから、これほど内容的にも量的にも便利なものはない。完璧なノートに近いものが手に入るぞ。図表や写真などは、手軽さ・正確さから「写メ」が最も便利。書く作業から解放されるのだから、しっ

かり聞くことに専念しなくちゃダメだぞ。
もちろん、口頭での説明や解説で、これはと思うところがあればメモとして書き留めるのは当然だ。ノートの端でも、教科書の余白でも、開けていた六法でもどこでもいいよ。そのとき思ったり感じたことは、そのときに書かなければ、後からでは思い出せない。これで講義のノート作成は完璧だ。

書く手間要らずの「写メ」したら、それを講義の順番に並べ替え、必要なメモも携帯のソフトを使って書き加えよう。こうすれば万全だ。

❷メールを確認するついでに、「写メ・ノート」も見直そう。携帯を持ち歩かない者はいないから、なんと！いつでも講義ノートを持ち歩く模範的学生のできあがり。何かのついでに読むことで、自然に頭に入ってくるよ。**何度も確認するから自然に覚えてしまうし、忘れないのだ。チョー便利！　復習がいつでもどこでも簡単にできてしまうのだ。**これで採点の辛い某先生の必修科目も何とかなるかも……

❸読み直し。最近は講義レジュメなど資料を配る先生も多い。みんなはこれを手に入れて一安心するみたいだけど、ここで油断してはダメ。読み直しが必要なのは写メ・ノートと一緒だよ。

教科書とノートなどは最低三回は読み直すべし。これが理解のための王道だ。

ついでに、ちょこっとアドバイス。プレゼンテーション・ソフトはいろんな技が使えることは前に書いたとおり、だから先生もいろいろ工夫するのだ。だから、その意味について解説しておこう。

【色使い】「赤色」が最重要点であることは誰でも同じ。絶対に見落としてはならない部分だ。「青色」は大事なところで使われる。その他の色、たとえば「黄色」や「緑色」などは専門用語や事件名や判例データなどを強調するときに使われることが多い。

【下　線】普通、重要部分を強調するために用いる。単なる実線よりも、「太い線」や「波線」の場合は要注意。大事なところ・部分の中でも、より基本的で大切ないし重要だという意味だ。色でいえば、赤色に近い。

それぞれの先生方には個人的な工夫があるので、色や線の区別の意味は講義を聞いているうちに分かってくることになる。

ポイント14

ノートは自分がわかるように取ればいい

May

5月 「ゼミ」攻略法

一年生のために、「法学部入門ゼミ」とか「基礎ゼミ」「一般法学演習」などという名前で、主に法律学の学び方を教えるための「ゼミ」が用意されている。ここでは、一年生用のゼミ参加者に求められる「能力」などについて説明しよう。

●ゼミとは何か

大学で求められるのは、「考える」ということだ。ゼミでは、採り上げたテーマについて深く考えることを学ぶ。個人またはグループによる「発表（レジュメ）」に基づいて、みんなで質問したり、議論して、テーマについて考えることになる。その結果、みんなの納得する答えを発見できるかもしれないし、さらに問題点が出てきて、すぐには答えが見つからないということになるかもしれない。

考える練習だから、最終的な答えにこだわる必要はない、むしろ**考える「過程」が大切なのだ。**人の意見をちゃんと聞き、不正確なところはどういう意味なのか質問して、相手の意見を把握・整理し、これに対する自分の感想や意見をぶつける。

自分の意見の方がより合理性があり、より論理的と判断するなら、意見を異にする相手を説得することになる。こうして、考える過程で、「議論（ディベート）の仕方」（77〜78

頁）も身につけるのがゼミだ。

ポイント15　ゼミでは積極的に発言することが大事

●発表テーマの見つけ方

みんなで議論するためのものだから、議論に値するものでなくてはならない。ゼミのテキストがあれば、そのなかから自分がおもしろいなと思うテーマを選ぶのが一般的な方法だ。

テキストがない場合には、ゼミの一般的なテーマ（テキストはなくても、今年はこんなことについて考えてみようといった大きな目標はあるはず）にそう方向で、考えてみる。

たとえば、ゼミの先生の専門に関する概説書のなかから、いくつかの学説が対立しているテーマや、学説と判例の立場が異なるテーマ、演習書に取り上げられているテーマ、最近の法律雑誌（『法学教室』、『法学セミナー』、『法律時報』、『ジュリスト』など）の論文で取り上げられているテーマを選択するというのも無理のないものだ。また、新聞やテレビなどで気になった話題などもおもしろいだろう。

いずれにしても、そのテーマに関する単行本や論文、判例などの「資料」があるものでないと、自分の考えをまとめ、展開するのに相当な苦労をすることになる。**最初は、資料をベースにして、それをきっちり読んで、自分なりの味つけで、扱われているテーマにアプローチすることを考えよう。**そのうちに自分の視点とか考え方のようなものが生まれてくるだろう。だから、今は立派な先生の書かれたものをしっかり読みこなして、**自分の言葉**で同じテーマについて考えてみることだ。

ポイント16
誰でも最初は「模倣」から
偉大な創造は、模倣と数限りない「試行錯誤」から生まれる

●資料収集の方法

四月のオリエンテーションや最初のゼミの時間に、図書館に連れて行かれて、図書館の使い方から始まって、開架のどのあたりに法律書が置いてあるのかとか、雑誌室はどうなっているのかとか、コンピューターを使った検索の仕方なんかを習ったはず

だ。こういうハウツーは知っておいて損はない。図書館でまごついたときは、専門的知識を有する図書館司書に尋ねよう。彼らは図書館の使い方のスペシャリストだから、君たちを的確にフォローしてくれるはずだ。

図書館は知識の宝庫だ。君たちの知りたいことはほとんど何でも見つけることができる。だから、使い方をマスターしさえすれば、学生として恐いものなしだ。

いかに効率的に必要な資料を収集するかは、ひとつのテクニックだ。実は、資料収集は、図書館の出納式を利用する場合など、思いのほか時間をとられるもの。資料収集が完了したら、もうレポートの七割くらいはできたといってもいいくらいだ。後はていねいに読んで、自分の意見をまとめるだけだからだ。

とはいっても、実際には、集めた資料を読みながら、同時にさらに収集するということになるだろう。「集め方」には二つある。

一つは、図書館のコンピューターでキー・ワード検索し、

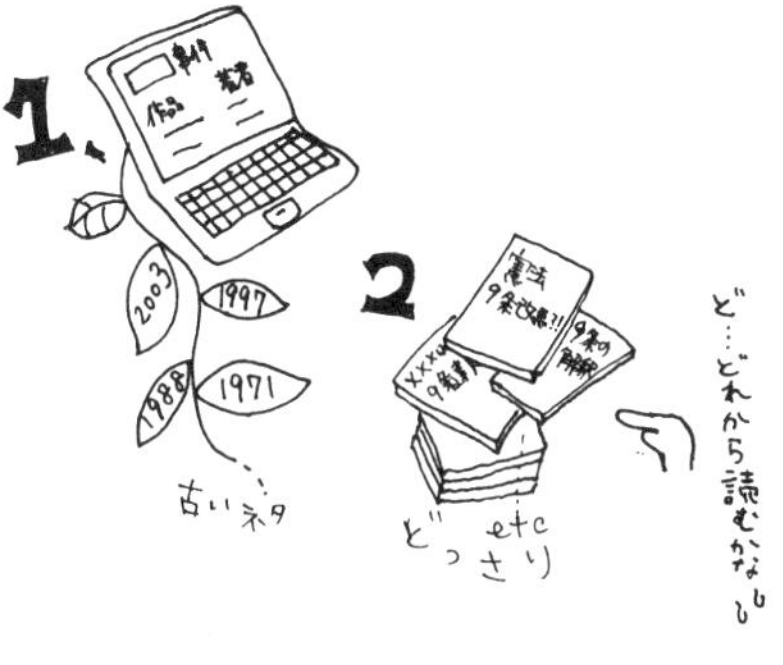

本や論文を見つけ、その「参考文献」や「注」を見るという方法だ。そのなかから君のテーマに関する他の論文などを見つけることができる。そして、その論文を見れば、また参考文献が挙げてある。こうして、芋づる式に資料収集できる。この方法の欠点は、最初の資料よりも古いものしか見つけられないということだ。

いくつかの論文の参考文献を比べてみると、共通して参照されているものがあることに気づく。それらが誰もが見る「基本文献」である確率は高い。これによって様々の情報を得ることができるので、精読しなければならない。

二つめは、たとえば月刊雑誌『法律時報』（図書館の雑誌室に必ず備えられている）の最後に載せられている「文献月報」を見るという方法だ。法律の各分野でどんな論文などが公表されたかが網羅的にわかる。最新号からさかのぼれば、過去に向かって関係資料をほとんどすべて見つけることができる。加えて、一二月号の「学界回顧」を見れば、その年の重要論文がどれかわかるから便利だよ。この方法の欠点は、君たち初心者にとってはあまりにたくさんの資料が見つかりすぎるということだ。

インターネットを利用して情報検索をする人も多いだろう。ここで気をつけないといけないことがある。キーワードを入れれば、たちどころに数え切れないほどの情報を得ることができる。ネット上の情報は質の面からいうと玉石混交、ということだ。だから、自分の取捨選択が大事になる。たとえば、ウィキペディアという事典がある。これはその内容の質について学問的な保証がない。専門家ではない誰でもが書き直せるので、公平性の担保がないし、根拠についても薄弱ないし不明ということがありえる。参考になる点はあるかもしれないけれど、学術論文は言うまでもなく、大学のレポートなどに引用できるものではないことを、君は心に刻みつけておくべきだ。

●資料の読み方

資料を見つけたら、それに一応目を通して、役に立つかどうかの資料評価をしなくてはならない。というのは、そのものズバリのタイトルであっても、実は自分の知りたいことについてはあまり記述がないということ

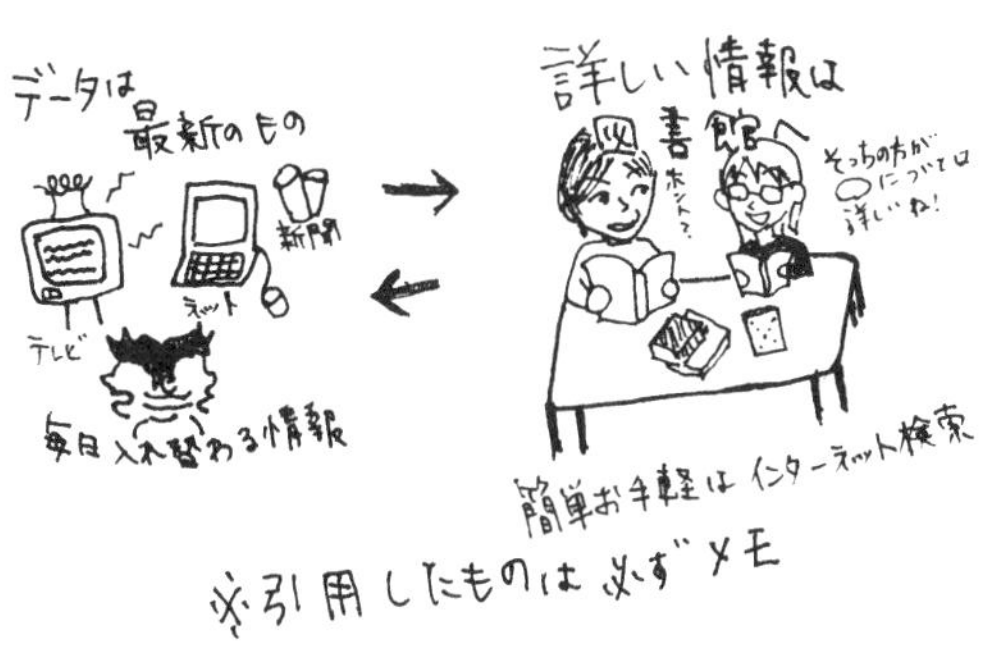

だってあるからだ。この場合には、さらに他の資料を探さなければならない。資料収集には時間がかかると言ったのはこのためでもある。

最初に目を通したときに、その資料が何を扱っているのか、自分の知りたいことのどこに関係するのか、コピーの最初のページにメモしておくといい。そうすると、たくさん集めたときに、いちいち、どの資料が何に関係するのか、また読み直さなくてすむからだ。また、最初に想定していた論点とは異なる論点の存在にも気づくことがあるから、それもしっかりメモしよう。

資料が使えるとわかれば、必要な部分を読み込み（精読し）、情報を「カード」に取る作業が待っている。このとき、一つの情報は一枚のカードに書くようにしよう（このときに資料のデータ＝著者、論文名、ページ数なども忘れないように）。面倒なようだけど、カードを取るのは、後で読み比べて、並び替え、整理することができるようにするためだ。どのくらい情報が集まったかは、カードの枚数で知ることができるし、他の部分のカードと見比べれば、どこの部分の情報が足りないのかもすぐに把握できるメリットがある。

こうして集めた情報を、読み返し、並べ替えしているうちに、それらが「発酵」して、どの論点をどのように扱うのかや、その順番などが次第に決まっていくことになる。こうして、だんだんと自分の考えがまとまってくる。

ゼミの発表やレポートであれば、中心になる参考資料（基本文献）が二つ、三つあれば、なんとかなるはずだ。それで足りないところは副次的な資料でカバーすることになる。


ゼミ発表であれば、テーマを決め、資料を集め、読んで、まとめ、問題提起を考えて、レジュメを作るという一連の作業に、早くて二〜三週間はかかる。自分の発表の一週間前にレジュメを配布するには、いつから準備すればいいか、逆算して、十分な時間的余裕をもてるように心がけよう。時間が足りなくて、いい加減なやっつけ仕事にならないよう注意しなければいけない。ちょっと突っ込まれると返答さえできない、なんてザマになるぞ。

●レジュメの作り方

レジュメとはフランス語で「要約」という意味だ。つまり、自分の意見を要約したものなのだ。誰だって、突然むずかしい話を長々と聞かされてすぐに理解するのは困難だ。

ゼミでは、最初に「問題提起」をするが、初めからベラベラとまくし立てられたのでは、ポイントを把握しながら聞くのは大変で、ほとんど何を言っているのかわからないなんてことも……。だから、聞く人の身になって、わかりやすく自分の言いたいことを要領よくまとめたもの（A４判で三～四枚程度のレジュメ）をあらかじめみんなに配っておくのだ（わがゼミでは報告一週間前に配布が原則）。うまくまとめるというのも一つの技術だよ。練習しなくちゃ。

中身は、テーマにした問題の背景、事実関係や何が問題なのかという「問題提起」に続いて、これについての学説や判例を挙げる。意見の対立があるはずだからその主要な見解を簡潔に整理して、「争点」を明らかにする（図表にしてみるのもわかりやすい）。これを自分なりに分析して、まとめとして、「自分の意見」や感想などを書くことになる。加えて、みんなに考えてほしいことを箇条書きにして、その日のテーマを明確に示そう。

君の考えがみんなに伝わり、これに基づいてみんなが考えられなくてはならないわけだ。だから、なぜそんなふうに考えるのかという「根拠ないし理由」を明示することが必要だ。下級生用のゼミだと、一人よりも何人かのグループで発表を担当することが多いかもしれない。というわけで、グループで準備する場合の注意点に触れておこう。

グループなので分担を決めて効率よく準備しようとするのが普通だ。問題は、各分担者が自分の役割をちゃんと果たすかどうかだ。だから、たとえば一週間後と時間を切って、一度集まり、準備の程度を互いに確認しなくてはならない。そうしないと、各部分の準備の程度・質に違いが生じたり、何よりもマズイのは、分担者間で意見の対立があって、何がグループの意見なのかがわからないという事態が発生しかねない。また、いくつかのパートで扱われている事柄がダブってしまうこともよく生じる。この段階で担当分野や項目の調整が必要だし、不十分な準備しかできていない部分への対策をしなくてはならない。

一番大事なのは、不完全な部分をなくすための協力をみんなでして、ゼミ発表の完成度を高めることだ。誰かに任せてしまって自分は関係ないというのではなく、**みんなが最後まで関わり続けることだ。**協力して何かを成し遂げるという、作業の仕方を学べるのもゼミの良い点だよ。グループの意見の統一を図ることは大事だけれど、問題によっては意見が割れることもあるだろう。その場合は、どういう理由でどのような意見対立が生じたのか、レジュメに書いて、みんなの意見を聞くというのもありだよ。みんなからいろんな感想や意見が出て、ゼミが盛り上がることになるかも。いずれにしても、**みんなの議論のきっかけ作りをすることがレジュメの目標だ。**

よく、みんなから突っ込まれてこてんぱにされはしないかと心配する人がいるけど、これは間違い。今は学んでいる途中なのだから、間違っていいのだ。間違いを恐れるな！

むしろ、自分の考えが不十分なら、いたらないところを指摘してもらう方が、自分の進歩にとってはいいのだ。

失敗から学ぶことを考えよう。筋道を立てて考えることができていなかったり、論理に飛躍があったり、説明の仕方に問題があったりなどいろんな欠陥が発見できれば、次はそれを克服するようにすればいい。つまり、注意して、一層の工夫を考えよう。四年後に社会に出たときにちゃんとできるようになるための修行なのだ、今は。自分に特有な問題点が明らかにならず、そのまま矯正されないでいたら、社会に出た後で困るだろう？

だから、**大学にいる今は、自分の手の内をみんなに明かして、批判を乞うことこそが正しいのだ。**同時に、想定質問に的確に答えられるようにしっかり調べておくのも、もちろんのことだ。こうして、君は着実に進歩することになる。

反対に、報告を受ける側は、心を鬼にして、報告者を知的にイジメてやらないといけない（いい意味での校内イジメ）。

こういうふうにしてこそ、ゼミの友だちお互いが切磋琢磨《せっさたくま》して、昨日より今日、そして今日より明日、少しずつではあるにしても成長できるのだ。

道は遠い、焦らずボチボチ行こう！

ポイント17

レジュメは、報告のポイントがわかるものじゃないとダメ

●報告者の心構え

確かに、みごとな論旨で圧倒し、みんなが口を挟む間もなく、報告を鮮やかに終われば格好いい。けれど、あまり自分のためにはならないね。前に言ったように、自分のボロを隠せても、欠点を克服できていないから、不完全なままでいることになる。そのことの方がよっぽど大問題なのだ。見かけの格好よさはいくら追いかけてもダメ、中身の格好よさこそ大事なのだ。

しっかりした内容のあるレジュメの準備以外に、**報告者は自分に与えられた時間でどのように議論し、最後にどんなふうにまとめるかといった「シナリオ」を準備しておかなくてはならない。**みんなが関心をもつように工夫された問題提起がちゃんとできていれば（議論のためのものだから、議論を誘発するものでなければ意味がないのだ。その意味でみんなの関心をかき立てるようなものが望ましいな）、みんなはそれなりに食いついてく

るはずだ。

だけど、そこでダラダラ話してもあまり意味はない。一定の方**向へ誘導して、自分の報告で一番扱いたいこと、議論したいことに多くの時間を割くべきだ。「到達目標」をあらかじめしっかり定めておくのが肝心だ。**

ゼミに出て話し合ったぶんだけ、みんなが進歩したり賢くなったりしなくては意味がないよね。そのために、みんなの議論を想定した「反論」や「問いかけ」を準備しておくのだ。報告の準備がだいたいでき上がったところで、先生に相談してみよう。きっと、良いアドバイスがあるはずだ。

ポイント18

君には、みんなの議論の方向づけの役割もあることを忘れるな
シナリオの準備を

●議論（ディベート）の仕方

ゼミは議論の練習の場でもある。報告に対して賛成と反対がうまく分かれない場合には、みんなの議論を活性化するために、あえて報告と反対の立場に立って議論を展開し、報告者にチャレンジしてみることだ。

具体的にいうと、

❶自分の主張が正しいことを根拠を挙げて述べる（**自説の展開**）。ここでは、論理構成が大切だし、内容を多角的に深く検討することを心がける。

❷報告者の主張について、わからない点を質問し、論旨が不明確であればさらに質問し、矛盾があればその場で鋭く追究する（**反対質問**）。相手の主張を正しく把握し、冷静かつ的確な追究を心がける。

❸報告者の考えに反論し、自説を根拠づけ、自説の正しさをみんなに訴える（**反論ないし最終弁論**）。報告者の論拠を切り崩し、反論に切り返し、説得力をもって自説を述べることが大事だ。

いろんな立場に立って考えてみることで、物事が違ったふうにみえてくる。**物事を総合的に分析するには、問題への多角的なアプローチが必要だ**。たとえば、被害者の立場だけでなく、自分が裁判官だったり、検事だったら、どう考え、何を主張するかを考えてみるとよい。

せっかくゼミの仲間が報告するのだ。それを盛り上げてあげるには、活発な議論ができるように心がけること。これが、ゼミのみんなにとってベストの選択だ。ゼミでは、感想めいたことでいいから必ず一言はしゃべろう。それが議論のきっかけになることもある。

ポイント19 議論は自分の考えを整理し、改善するのに有益だ

●先生の役割

じゃあ、ゼミでは先生は何をするのだろう。

事前準備およびレジュメ作成の段階でのアドバイスに加えて、実際には議論を盛り上げ、学ぶべきポイントへ到達できるよう議論に方向を与えるために発言したり、誘導質問したり、いくつか指摘をしたりする。

学生からは様々な発言がありうるし、議論が他の論点に飛んだりしかねないから、機会

をみて発言し、それまでの議論を整理したり、論点を限定したりする。その日のテーマで、学ぶべきこと、論じるべきことがあるので、それらを達成できるように気を配ることになる。

問題提起が不十分であったり、議論が低調で、到達目標にたどり着けないと判断したときには、あるレヴェルまで議論が進むよう、仕方なく発言することもある。

本来は、君たちが自ら問題点を発見し、それについて議論しなくてはならないのだ。先生がたびたび発言しなくてはならないようだと、それはゼミがちゃんと成立していないということだ。君たちのゼミはどうかな?

●レポートの書き方

ゼミでは、「レポート」の提出を求められることがある（もちろん、講義でもありうるぞ）。でも、心配することはない。前に書いたように、検討するに値するテーマを選び、レジュメを準備するときと同じ作業をして、自分の考えを少し多めに展開し、またはもう少し深く掘り下げることを心がければいいのだ。

ここでも、量より質が問題だ。どんなに調べたからといって、長ければいいというものではない。初心者は調べたことをすべて書きたがるものだが、そこをぐっとこらえて、情報をコンパクトに整理し、手際よくまとめるのも大切なことだ。特にこれまでの議論や学説をきちんと整理できるかどうかは、重要なポイントだよ。

一番大事なことは、何を主張したいのか（結論）が明確で、その根拠がきちんと明示されていることだ。

忘れてならないのは、レポートの最後に「注」を付けて引用・出典を明らかにし、どんな資料に基づいたのかを「参考文献」を最後にすべて掲げることだ。

君たちのレベルでは、大先生のお考えや先行研究を参考にし、模倣するの

もうひと言、ふた言4

名門大学の実態

世間を騒がせたある事件をきっかけに、関東のある大学で博士号の取り消しが行われた。学生による盗作やデータの操作などが理由だったそうだが、論文作成の指導にあたった大学院の指導教授や論文審査に関わった教員は何をしていたのだろう？　当該分野の専門家なのだから、ちゃんと読んでさえいればおかしいと気づいたはずなのに？　指導教授であ

は許されるが、注も付けずに文章をそのまま書き写すのは盗用であり、決してしてはならないことだ。また、他人のした引用をそのまま引用する「孫引き」は絶対にダメだ。引用をするときは、必ず原典を見て、確認すること。※ひと言

先生は学問のプロだから、たいていの本や論文には目を通している。また、学生に書ける文章かどうかもすぐに見分けがつく。いい加減なことをすると、たちまちバレてそのレポートは不合格になる。そのうえ、学生としてあるまじきことだからこっぴどく叱られるだけでなく、君は信用を失うことになる。これは致命的だ。もう一つ大事なのは、

る主任審査員が了解しているから、副審査員はものが言えなかったのか？ 学生も問題だけど、それを見逃した教員や多数の大学院生を抱える大学院の指導体制そのものにも大きな問題があったのではないのか？

なのに教員が潔く責任をとったという話は伝わってこないし、大学は当該博士号の取り消しをし、他の同様の事例については論文の修正（不適切引用の訂正など）をさせて襟を正したつもりらしい。そもそも同様の事例が他にもあること自体が問題だ。病根は深く、この大学ではテキトーな指導に形ばかりの審査という、いい加減がまかり通っていたのではないか？

こう考えると、当該学生は真っ当な指導を受けられずにいた被害者でもあったのかもしれない。難関校として知られてはいても、内実はこの程度でしかなく、まともな自浄能力もないかもしれない。要注意だ。

自分の言葉で表現することをできるだけ心がけることだ。

レポートの書き方を解説する本はたくさんあるので、図書館で探して目を通してみると、きっと役立ち情報があるぞ。

ポイント20

大学での勉強（学問）の究極の目標は真理を探究すること。事実の前には謙虚で、誠実でないとダメ。嘘や間違いからは真理は探究できないのだ

June

6月

小テスト対応法

講義もそろそろ佳境に。これからだんだん大事なところへ入って行くぞ。

●わかっているかな？

教える側は、これまでの講義の理解状況が気になる頃でもある。基本的なことをわかっていないと先へ進めないからだ。そこで、ここまでのことをどれくらい理解しているのか、確認の意味で「小テストないし中間テスト」をすることがある。目的はどこまでわかっているかの確認だから、これまでの講義をちゃんと理解さえしていればなんの問題もない。

これができないということは、これからの講義の理解もむずかしいということになるから、自分の理解度を試すよいチャンスでもある。

●わからない場合―解決法その1：自分で答えを見つける

四月からこれまで、「予習」と「二段階復習」を心がけてさえおれば、君は多くを理解しているはずだ。

しかし、復習のなかで、いろいろと考えを巡らせてみると、説明の意味が飲み込めなかったり、腑に落ちなかったり、さらにわからないことが出て来たり、他との関係がぼやけていたりする。こんな場合には、テキストやノートを慎重に読み直したうえで、要点を抜き出して整理し、見比べてみたり、関連を図に書いてみたりすることだ。そうすれば、いろんなことがわかってくるはずだ。また、図書館で他の概説書に目を通してみたり、友だちや先輩と話してみるのも効果的だ。

話しているうちに、自分の理解不足や誤解が原因とわかったりする。話すためには、自分の考えをまとめなくてはならないから、それは自分を見つめ直すよい機会でもある。友だちや先輩は、自分とは違う視点から問題をみているかもしれないし、異なる理解や考えをもっているかもしれない。

他人から教わることはたくさんある。自分の考えの浅さやいたらなさに気づくかもしれないし、反対に自分の発想やアプローチの仕方に自信がもてるかもしれない。それが、人と話すことの効用だ。要するに、友だちとともに考え、学び、成長するのだ。友だちと話してみると

いうのは「楽しく」学ぶ方法でもある。

自分で答えを見つけられるように考えてみよう。考えるときには、頭の中で抽象的に考えを巡らせるだけではなくて、むしろそれらをメモ書きしたり、まとめたり、図に書いたりしながら、**具体的な形で考える方が自分の考えをまとめやすい**。この努力が大切だ（いつでも、どこでも、このように考えるクセを身につければ、それは、成果が目に見えない作業ではあるけれど、着実に自分を進歩させてくれる）。

そのうえで、自分なりの解答に確信がもてないときやどうしてもわからないときには、先生に質問するのが適切だ。

●わからない場合―解決法その2：先生に質問する

先生は質問を聞いただけで、その学生が何をどれくらい考えたのかがすぐにわかる。だから、その学生に合った適切な「指導やアドバイス」をすることができる。

君たちの知りたいことが答えであることはよくわかっているし、それを教えるのは簡単なのだが、たいていの場合、先生はすぐには答えを教えてくれない。

それは、**自分で考えて、自分で答えを発見しなければ意味がないからだ**（これが学ぶということだ）。

君たちの質問を聞いたうえで、「それで、君はどう考えたの？」とか、「それはどういう意味？」などと質問をして、君たちが自ら質問の要点整理をするのを手伝ってくれる。

次に、「〇〇ってどういうことだった？」というような、問題に関する基本的理解や知識を再確認するための質問があるだろう。つまり、考える出発点・基本的定義に一度立ち戻るためだ。これがわかってないと話にならないからね。

それから、この出発点から少しずつ積み重ねていくために、先生は「考える方向」を君たちとの対話のなかで示してくれる。たとえば、君たちが見落としていた論点について「これについてはどう考えたの？」というような誘導質問をすることで、君たちにヒントをくれるはずだ。また、「こういう視点から考えてみたかい？」と逆に質問したり、「こんな考え方もあるぞ」などとアドバイスをくれる。

このように、たどるべき道を示されることによって、つまり、**物事の基本的定義や理解から出発して次第に解答へ導かれるこ**

とによって、最後には君たち自身で答えを発見できることになる。「ああ、そうか！」とわかったときに、君たちは一つ進歩するのだ。

場合によっては、単にヒントをくれるだけだったり、本や論文を教えてくれるだけかもしれない。それは、もう少し考えてみなさいという意味で、まだ考えが未熟な場合や、それなりにできる学生への激励的課題の場合であったりする。こんな場合には、もう一度考えてから、自分なりの解答を持って先生を再訪問しなければならない。

「お母さん、あれなーに？」と無邪気に尋ねる感覚で、子どものように自分で考えもせず、ただ答えだけを聞きに来る学生もいたりする。大学生にしては幼稚園児並みだが、先生は質問に来たことをきっかけにして、そんな君にもアドバイスをくれるはずだ。

質問のレベルは低いものの、科目にはそれなりの関心があり、前向きの気持ちはあるのだから、質問に来たこと自体を誉めてくれるだろう（私は、目の前で平常点を加点してあげる）。そして、その質問からもう少し考えたらどんなことにつながるのか少していねいに解説してくれたり、「目のつけ所は悪くないぞ」とさり気なく言ったりして、おそらく先生は君たちを「その気にさせる」作戦に出るだろう。

一般的に言って、先生は何かのきっかけをつかんで学生の関心がよい方向へ向くようにと考えているから、気楽に先生に話してみることだ。何百人も学生がいれば、先生の方からいちいち学生に声をかけるのは、実際にはむずかしいよね。講義が終わった後で声をかけてみよう。学生の質問はいつでも大歓迎だし、最優先で対応してくれるはずだ。

もちろん、いつも暇ではないから、忙しいときは次に会う約束だけになってしまうかもしれないけれど、必ず時間をとってくれる。講義では冗談も言わないような先生が、実は人間的にはとても素晴らしい、気さくな人であったりする。先生や友だち、人との出会いの機会があることも、大学の良さだね。

●これで安心、三つの確認事項

さて、来週は小テストをするぞと予告された場合には、具体的には何をすればよいのだろう？　この段階での小テストはこれまでの理解を確認し、これができない学生への「基本的な勉強が足りないぞ」という「警告」の意味もある（もしできなかったときは、すぐに反省をして、相当気合いを入れてやらないとマズイぞ）。だから、基本がわかっていれば、心配ない。

❶基礎となる法律用語（漢字がちゃんと書けなきゃダメだぞ）の定義や概念を押さえる

こと。

❷関連条文に定められた成立要件や法的効果をきっちり把握し、学説の対立があれば、主な学説について、その主張や根拠、長所、短所などの概要を整理し、しっかり頭に入れること。

❸関連の最高裁判決が、どういう理由でどんな判断をしていたのか確認すること。

この作業をしておけば、たいていの小テストや中間テストには間に合うはずだ。

ポイント21
日頃の「二段階復習」と「質問」を心がけていれば、恐いものなし

July

7月

前期試験

大人になると時間のたつのが、ものすごく速い。この間入学して、なんとなく大学にも慣れたかなと思っていたら、もう「前期試験」が目の前に。ウエーッ、どうしたらいいんだよー!?

●採点の基本は定期試験の成績

多くの大学では、前期・後期（セメスター制*に移行しているところも多い）の二回に分けて「定期試験」がある。基本的に、半期二単位の科目は、前期または後期の一回の試験で採点される。通年四単位の科目は、前期と後期の二回の試験を総合して採点される（なかには半期週二回四単位科目もある。この場合は試験は一回だけ）。

【セメスター制】　年二学期制。普通、前期・後期という従来からの呼び方をする。各期末に試験があり、場合によっては前期卒業もある。

実際には、先生により、出席が考慮されたり、小テストの点数も組み入れられたり、日頃の質問も加点の対象（平常点）になったりするが、採点の基本はなんと言っても定期試験の成績だ。これで良い成績をとることが何よりも大切だ。

試験にもいろんな形式がある。専門科目でも、基本的知識を問うための、括弧の中に最も適切な語句を書き入れたりする「虫食い問題」や、基本的専門用語の意味を問う「語句説明」などが出題されることもあるが（これらは初歩的な問題だから、多くの場合、先生としては点を取らせるために出題している）、中心は「論文試験」だ。「論述試験」と呼ばれるものだ。

出題のレベルについては、一部のエリート大学では応用問題が出されるのは当然かつ当たり前であったりするが、君たちの通うフツーの大学では、**「講義で習ったなかの基本的テーマが設問の中心になる」**とみて間違いない。そのなかで、先生が何度も力を入れて説明したところや、ここは大事だと言ったところなどが出題の可能性が高いことになる。

それじゃあ、試験準備の仕方や論文試験の答案の書き方をなるべく具体的に見てみよう。

●試験準備

◆過去問を調べる

入試でもそうだったように、まずは「傾向」を調べ、次に「対策」が学生の基本、つまり王道だよな。先輩に頼んで「過去問」を調べよう。去年、できれば一昨年に何が出題されたか、これは出題想定のための重要情報だ。

先生によっては、毎年違う問題を出す場合もあるし、何年おきかのローテーションで出題することもある。教える科目は同じで、その科目にとって大事なところは変わらないのに、定期試験の他に追試の問題なども毎年作らなければならないから、先生もベテランになるにつれて発想が枯渇してくるという一般的傾向がある。だから、何年かたてば似たような問題が出題される可能性は小さくない。ここが一つのねらい目だ。

出題する側としては、その講義のメインテーマとした事柄についての問題を出すのが最も自然だし、その可能性はきわめて大きい。場合によっては、少々下駄を履かせてやるつもりで、講義の最後で扱ったことについて出題する場合だってある。

◆基本はまんべんなく

ただ、どの科目でもそうだが、半期で学んだことのなかには少なくても二〜三点の大事なところがあったはず。にもかかわらず、そのなかの一つだけに絞って「ヤマ」をはるのは、一か八かの玉砕戦法で、予測と違えば手も足も出ないので絶対に避けなくてはならない。やはり、**基本はまんべんなく押さえなくてはならない**。

仮に想定外の設問であっても、これまで学んだことの基本がわかってさえいれば、法律学では基本的なことは互いに関連しているから、基本原則などを手がかりに、論理を積み重ねて、問題に肉薄することができる。設問がいくつかの事柄にまたがる場合も同じやり方でいける。この場合は、落ち着いて、知っていることから考えてみるのだ。

◆他人《ひと》のノートの落とし穴

それから、怠け学生の多くは、他人のノートを見せてもらって、それでなんとかなると考える。**講義を聴いていないから、ノートに書かれたことの正しい意味や他との関連などを理解するのは困難だ。**教科書を読んで間に合わせようとしても、先生がどのように取り上げ、どんなコメントをしたかがわからないから、それだけでは良い点はとれない（やはり、講義には出席して、ちゃんと聴かなくてはならないのだ）。

講義の内容とテキストの内容が異なることはよくあることなので（この場合には、講義した内容の方がテキストに優先する。なぜ、テキストに書いてあることと先生の言うことが違うかというと、先生がテキストの説明に不十分さを感じていたり、異なる意見をもっていることによる）、そんな場合

には、テキストだけを頼りにすると、講義に出ていないことがバレバレに。

◆合格答案のワナ

よくあることだが、誰かがまとめたいわゆる「合格答案」を手に入れ、それを覚えてくるという不届き者もいる。その合格答案なるものの内容についてチェックしていないから、間違いがあってもそれに気づかず、結果として、同じところで同じ間違いを犯す者がたくさん出てくるというマヌケなことになる。

また、ネット上で公開されている模範答案なるものや、法律予備校などの演習書に載っている解答例をひたすら暗記してくる不心得者がいることも、先生はとっくに知っている。そもそも、初めから最後までほとんど同じ答案が何枚もあれば、誰だって変だと気づくぞ。答案がたとえ何百枚あろうとも、先生はすべてに目を通し、きちっと採点している。プロの目はごまかせない。この場合には、いくらよくできていても、自分では何の努力もしていないのだから、良い点を与えようという気には決してならないので、ご注意を。要するに、**自分でちゃんと準備するしかないのだ**。正攻法あるのみ。

もちろん、他人のノートや他人がまとめたものを参考にすること自体は悪くない。自分が見落としていることや誤解に気づくかもしれないから。ただし、自分でチェックし、手を加えて自分なりのものにしないとダメだ。

ポイント22
「予習」と「二段階復習」をしていれば、試験準備はこれまでの再確認ですむ

●答案作成

試験が始まったら、すぐに一心不乱に書き始める者がいる。たぶん、忘れないうちに覚えてきたことをみんな書いてしまおうとでもいうのだろう。が、見ていて「オイオイ大丈夫なのかよ」といつも思ってしまう。

◆全体の構想を立てる

「○○について述べなさい」という「一行問題」であろうと、事件を設定して、たとえば「AとBの法律関係について述べよ」というような「事例問題」であろうと、**設問の意味、つまり何が問われているのかをよく考えなくてはならない**（これに答えなくては解答とはいえない）。**そのうえで答案の「全体の構想」を立てるのだ。**

重要な論点や学説、判例などを思い出して、何をメインにして、どの順番で、どんなふ

うに論を進めるのかを考えながら、簡単なアウトラインを答案の余白にメモすること。事例問題では、学説・判例に詳しく触れるよりも、条文を根拠に適用されるべき「規範」を導き出し、具体的事例への「当てはめ」を考えなくてはならない。

このメモを吟味して、方針ができてから書き始めるのだ。試験時間が六〇分なら、一〇分近くかけていい。**全体の構想がしっかりしていないと、答案全体の流れの統一や論理一貫性が失われてしまうことになる。これは致命的欠陥だ。**

◆論理一貫性を大切に

高校生のとき、小論文や作文の講評の際に、先生に「起承転結」がないと評されたことがあった。当時はそんなものかと納得したのだが、実は、何かを論じたり、述べる場合に「起承転結」を考えるのは完全な間違いだから気をつけよう。

起承転結とは、漢詩の作り方をいうのだ。そういう構造であることが良い漢詩の条件だが、問題は「転」だ。漢詩の「転」では、それまで述べてきたこととは直接関係のない、まったく違うことに突然言及する。これは、論理の一貫性を大きく損なうことになるから、論文では絶対に避けなくてはならない。

◆**答案の構成・骨組み**

❶「序論」の部分で、出題されたテーマについてなぜそのことが問題になるのか（設問の意義）や解答の目的、解答の順序を簡潔に書く。

❷いくつかの段落に分けて、「本論（自分の考え）」を展開する。ここでは、設問がどの条文と関連するのかを示し、用語の定義や立法趣旨、成立要件、法的効果などについて述べ、主要な学説や判例の分析・評価をするのだ。

❸「結論」で、自分の主張をまとめる。

「論じなさい」とか「述べよ」と書いてあれば、関係する事柄を検討・吟味して、そこから自分の考えを導き出し、理由をつけて論じなければならない。

各段落が論点ごとに割り振られて、全体との関係で量的にもバランスがとれているものやそこでのテーマが明確なものは、よい印象を与える。簡潔にまとめて、記号を使ったりしてわかりやすく記述する努力をし、筋道を立てて論を進めようとしていれば、さらに全体の印象をよくする。

◆**ていねい、正確に、専門用語は漢字で書こう**

当然ながら、小さな字でごちゃごちゃと改行もせず、段落も付けずに書いてあるのは読みにくいし、字の色が薄いとさらに読みたくなくなる。上手でなくても、ていねいに書かれたものには好感がもてる。誤字や脱字は初歩的ミスだし、専門用語を漢字で書けないともう情けなくなってくる。

それから、明らかな間違いやウソ（正しい部分も台なしにしてしまうぞ）、設問とは関係ないことなどが書かれている場合には、こいつは全然わかってないなとか、不真面目だと判断されて、印象はすごく悪くなる。

採点していて嫌な気持ちになるものの代表は、自分でヤマを張り、問題にかまわずそれだけを書いたもの、加え

もうひと言、ふた言5

答案作成

長いこと教員をしているといろんな答案に出会う。ラブレターや脅しまでいろいろだ。

そこで、伝説的な笑い話。その先生の試験では、美味しいカレーの作り方を書けば単位がもらえると、まことしやかな噂が広まっていた。ちょっと料理にうるさいある学生は、自慢のレシピを書いたが不合格だったので、先生に事情を聞きに行った。先生はこう答えた。「あー、あれ。レシピどおりに作ったけど、不味かったから。」

いろんな迷答案の中でおもしろかったのは、「バイト先に来る不倫カップルの生態について」が裏の九五点。「某先生の盛り場行状記——私は見たシリーズ——」が甲乙付けがたい裏の九二点。そういえば、「某女性教員のスカートの短さを告発する」というのもあったぞ。もちろん、表は0点。当然だね。

てクラブで忙しくて……とか、就職は決まったのでお情けを……みたいな「言い訳」や「お涙頂戴」の嘆願書付きのものだ。*ひと言

先生は、卒業が危ういなら、なぜそれなりの努力をしようとしないのかと残念に思う。頑張れば頑張ったぶんだけ答案に現れるので、そのぶんを評価するのにやぶさかではない先生も多いのに。

ポイント 23

思いつくままに書いてはダメ。
全体の構成と論理一貫性に注意

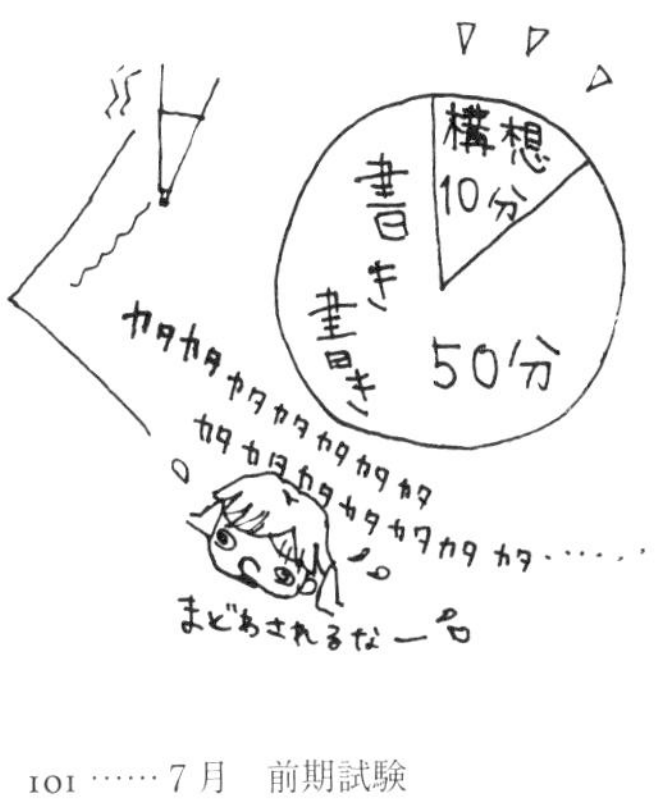

August

8月

夏休み

前期の総復習をしよう

「受験戦争をなんとか切り抜け、大学生になって、なんとか前期を過ごせたし、一年は気楽だ。講義も簡単で……」なんて気楽に構えて、遊び呆《ほう》けてしまわないように。

この一月半の間に、**最低限しておいてほしいのは、前期に学んだことの総復習だ。もう一度ノートの見直しをしておこう。**たいていのことについてはすでに一応の理解をしているのだから、総復習といっても再確認の意味でするので、時間はそんなにかからないはずだ。

試験が終わったら、もう関係ないのではない。これから学ぶことの基礎になるものだから、基本がしっかりわかっていないとマズイのだよ。

探求心と好奇心で広がる世界

高校の同級生に会ったら、他大学の状況を聞いてみよう。友だちが前期の間に体験し、見聞したことのなかに、これから自分の人生を生きる君にとって参考になる事柄が多くあると思うよ。君のまだ知らない世界の話がそこここにあるはずだ。

今はそれらに接して、いろんなことを知るだけでも意味があるのだ。あらゆることが君を成長させる。**自ら判断できる大人になることが、若い君の当面の目標だよ。**タバコや酒を飲み、形ばかり大人なのでは、つまらない人間だよね。**たった一度の人生、自分はどうありたいのか、どうあるべきなのか、いつも考え、求め続けよう。**

本を読もう

この間にもう一つしておいてほしいことは、今、**話題の社会や政治に関することを取り上げている本、たとえば「新書」を読んでほしいということだ。**現在の社会に目を向けることが必要だし、何よりもいつも君の脳を働かせ、活性化し続けなければならないからだ。君たちの年代では、あらゆることが血となり肉となって吸収されるはずだ。君が知るべきこと、学ぶべきことは山のようにある。時間はあるから、思いきって古典的名著といわれるものにチャレンジするのもありだな。

暑い夏の間に君のやる気がおとろえてしまうと、それをちゃんと動くように立ち上げるのに、また多くの努力が必要になる。だから、即座に反応し、機能するようにいつもメンテナンスが必要なのだ。

ポイント24

休みの間にも、そこここに学ぶことはある

September

9月

さあ、これから

前期成績発表

●結果の捉え方

ちょっぴりブルーで暗くなるのは、夏休みがあっという間に終わってしまったからだけじゃない。初めての試験の結果がちょっと不安なのだ。早く知りたいけど、結果は怖い。

一年生は試験の結果で錯覚する場合があるので、まず一言。一般教養の科目、なかでも語学や文系用の自然科学系科目など、場合によっては高校レベルの相当簡単なものがあったりする（そもそも、このような学生を堕落させかねない、簡単な講義内容および試験があることに問題がある。構造不況業種最先端の大学の病根は深い）。受験勉強した者にとっては、日頃の授業も楽チンで、ちょっとやっただけですごい点数をもらえたりなんかするので、拍子抜けしたりもする。

「なんだ、大学ってこんなに簡単なのか、チョロいぜ」と思ってしまったら、大間違いだ。一般教養の科目は専門科目に比べてやさしいから、相対的に良い点が取れるのは当然だ（卒業成績を考えるなら、ここで頑張って思いきり良い点を取っておくことだ）。ここで錯覚して、物事を甘くみると専門科目で泣きをみることに。きちっとやらないと専門科目では決して良い点をもらえないのだ。特に法学部の採点は、一般に辛いと心得ておくべきだ。

何点取ったかは重要だが、結果に一喜一憂しているだけじゃダメだ。問題はこれからのことだ。良い成績をとれたのなら、その調子で後期はさらに頑張らなくちゃ。イマイチの成績ならば、そのことの原因を追究しなくちゃならないね（失敗から学ぼう）。

ポイント25
試験の結果にこだわるより、後期を充実して過ごすことを考えよう

●原因追究

◆勉強不足

不本意な結果だった場合、それには必ず何か原因がある。それを追究して対策をとらないと、後期もまた同じ結果にならないとも限らない。希望にあふれて入学し

た四月から、五月、六月、七月と自分がどんなふうに過ごしたのか、自分だけが知っている。大学生としてすべきことをちゃんとやったのだろうか？

日頃の学習がおろそかであったのなら、原因ははっきりしている。単なる勉強不足だ。症状としては軽くて単純だ。これからは心を入れ替えて、この本の「講義開始（32頁〜）」からを読み直して、しっかりやることだ。これ以外に処方せんはない。

◆効　率

症状として少し重いのは、自分ではそこそこ勉強したつもりなのに、成績が悪かった場合だ。この場合、どんな勉強の仕方をしたのか、検証をしなくてはならない。

誰にも自分に合った勉強法があることを前提にいうと、疑われる原因の一つは「効率」だ。ただ、漫然とテキストを眺めていたり、テキストを馬鹿正直に最初から読むなんてことをしていたのかもしれない。

要は、わからないところだけを集中的に読んでわかろうとすることが大切で、ぱっと見ただけで簡単に理解できるところもあるから、そこは飛ばしてもいいのだ。たまたまその日は予習、復習がすぐにすむということもあるわけで、そうなら、その日はもう勉強しなくていいのだ。反対に時間がかかる日もあるだろう。だから、臨機応変さが必要だ。わからないことがあるときは、それをその場で片づけ、翌日廻しにしないことが鉄則だ。

テキストの関係部分を注意深く読み直したら、自分の誤解や勘違いだったたってことはよくある。ノートを見たり、友だちに電話して聞いてみるのも手だよ。いろいろ調べてみてもわからないときには、翌日図書館で他の概説書にあたって調べたり、先生に質問すればいいのだ。

こういう作業を常時しておかないと、わからないことが溜まって、複合的にどんどんわからないことになってしまう（病状悪化、留年一直線）。大学生は、わかるための努力を惜しんではならないのだ。

◆誤　解

もう一つの原因は、設問の意味を誤解したことだ。落ち着いて出題の意図を考えればばいいのに、覚えていることをあわてて書き始めたりするからこんなことになるのだ。

◆成績不振の理由がわからないとき

誰にも、それぞれ違う症状があり、原因も異なるから、万人向けの処方せんは出せない。

自分で成績不振の原因がつかめない場合には、答案のどこに問題があったのか先生に聞きに行くという手がある。手元に答案があるなら、先生は君の話を聞いたうえで、いちいち指摘をしてくれるはずだ。

答案を見れば、間違ったところや不十分なところ、誤解、勘違いなどが一目瞭然だ。少々恥ずかしいが、これも原因追究の一方法だから、先生に率直に聞いてみよう。

◆得点別による君の問題点

ここで、採点する側として、得点に応じた君たちの問題点を大まかに説明しておこう。

三〇点以下……まったく基本的なことがわかっていない、または問題に答えていない。

四〇点台……あやふやな理解で、アラや間違いが目立ち、全体として不十分。

五〇点台……だいたいの流れはつかんでいるが、たとえば、主要な学説の内容、根拠、短所・長所などを正確に押さえきれていない、または重要な論点を落としている。

六〇点台……基本はなんとか押さえているものの、踏み込んだ理解に欠けている。

七〇点台……記述にやや正確さを欠いている。もっときっちり理解することを心がけること。

八〇点台……よく理解できているが、触れるべき点を二〜三落としている。

九〇点以上…大変よく頑張りました。その調子でこれからも頑張ろう。

得点からみて、だいたい自分の問題点ないし状況がどんなことなのか、わかったと思う。解答をしているときにどのくらいできたのか、想像できたと思うけれど、失敗の心当たりがあれば、とにかくそれを克服することだ。

誤解や間違いを防ぐには、テキストとノートを注意深く読み返す以外にないのだ。多くの者はこの作業を怠っているか、いい加減にしているのだ。

ポイント26

結局早道は、日頃の予習、復習を着実にすることなのだ

後期開始

新しい科目を学び始めることになった。当然のことながら、前期で学んだ科目を理解しているとの前提で、講義は行われる。

「失敗は成功の基」という。前期の試験の成績が悪かった人は、一年生の最初でちょっとつまずいただけだから、これが致命傷になるわけではない。むしろ早い時期に学生としての心構えに問題があったことがわかったことを良しとすべきだろう。これがもし二年生の終わりや三年生になってからだと、症状はかなり進んで、とりうる対策は限られたところだよ。

今なら、十分に挽回可能なのだから、後期に気分一新して頑張ることだ。自分の勉強方法などで問題を抱えているなら、いつでも相談においで。先生は君たちの訪問をいつも待っているよ。

ポイント27　なんでも始めるのに、遅すぎるということはない

そこそこの成績だった人は、嬉しかっただろうし、やる気も出てきたと思う。君ならもっとやれるのではないかな？　気合いを入れてやってみないか。もう少し頑張り続けて、二〜三年生になったら、ある程度法律のおもしろさもわかってきて、法律の世界で生きていこうと希望する人も出て来るかもしれないね。法律にはいろんな資格試験があるから、受けてみて自分の実力を試すこともできるよ。行政書士など比較的やさしいものから始めることだ。場合によってはロー・スクール（実務家）や大学院進学（研究者）も視野に入ってくるかもしれない。その気になったときは、まず先生のところに相談においで。話を聞くぞ。

終わりに

●新入生諸君へ

なんでも最初が肝心だから、法学部一年生を最初から戸惑わせることがないよう、「大学での勉強の仕方」（特に高校までの勉強と大学のそれの違い、覚えるのではなく理解し、考えることが中心であること）と、新入生が戸惑う「論文試験への対応方法」に力を入れて手ほどきをしたつもりです。

大学生用なのだからと内容を欲ばると情報過多になって、これはこれでまたやる気を減退させてしまうかもしれない。そこで、資料収集法の一部は、たとえば図書館の使い方は図書館で係に聞けばわかることなので、思い切って省き、上級生向けの判例分析の仕方なども対象外にしました。そんなわけで、なかには少し物足りないと思う人がいるかもしれないね。でも、そう思うということは君が伸びたことの証しだよ。

なんとなく大学進学を決め、なんとなく法学部を選んでしまった君も、少なくとも四年間は法学部で過ごさなくてはならないのだから、これも何かの縁と思って法律学に関心をもってくれないかな……との思いから、いったい法学部ではどんなことをするんだろうと小さな関心を抱いてくれた君に向けた法学部入門です。

ありあまる時間が君にはあるはずだから、少し考えてみないか。君にとって大学で学ぶことの意味を。何のために四年間の学費だけでも三〇〇万〜四〇〇〇万円近くもかけるのだろう？　親が薦め、友だちも行くからかい？

●フツーの人になろう

法学部へ来たからといって、みんなが法律家になるわけではないよね。元々フツーの大学の法学部には、そんなに法律家志望者はいなかった。むしろ、**社会の様々の分野で中堅として活躍し、この国を実質的に支える役割を果たす人々を育ててきたのが法学部だった**し、社会の期待もそうだと思う。法学部の学生のほとんどは、そんなフツーの社会人になるのです。フツーの人がこの国を担っていくのです。フツーとはどんな人であるべきでしょう？

エリート大学を出て政治家や役人、企業経営者などになったのにもかかわらず、いろんな犯罪に手を染める人が後を絶たない。彼らは確かに頭はいいかもしれないけど、人間としてはどうだろう……。そう、ろくでなしだ。世の中には、数学ができず、英語の単語は知らなくても、真っ当に生きている人はたくさんいるよね。

フツーとは、**真っ当な判断力をもち、自らをコントロールできる人のことをいうのだと思う。君はそういうまともな人間にならなくてはならない。**大学は、真っ当なフツーの人になるための準備をするところなのだ。そのために、法学部では、法律を素材にして論理的にものごとを考える訓練をするのだ。

ポイント28

賢い自律した人間になるために、大学で学ぶのだ

●学ぶことはおもしろくて、ためになる

この本に書いてきたことは、一見どれも平凡で、目新しいことはないかもしれない。だが、小手先のノウハウではなくて、法律を学ぶための基本的なものの見方や考

え方を示していることがわかるはずだ。

この必勝学習法を使って、**「わかる喜び」**を実感してほしいと思います。いろいろ**「調べるおもしろさ」**や**「知る楽しみ」**、何かを**「発見する快感」**など、法学部は知的刺激にあふれているんだよ。いつでも君の力になるぞ。

あとがき

法学部一年次配当の専門科目「憲法」を担当し、どのような導入教育を行えば、初々しい一年生たちが初めに抱いた希望を色褪せさせることなく、法律学に興味をもち続け、おもしろく感じてくれるかを長年模索してきました。この本は、そのような観点から、講義の途中に学生たちに語ってきたことをまとめたものです。法学部の一年生に学習の方向を示す「コンパス」の役割を果たしてくれることを願っています。

本書は、好評をいただいた前書『法学部新入生のための学ナビ』（二〇〇六年）をベースにして、他の類書にない「最強ノート術―先生のタイプ別指南」を新たに書き下ろすなど、あちこちに大幅な加筆・修正をしたものです。前書から一〇年という時代の推移を考慮に入れて、今現在の新入生のニーズに的確に応えるさまざまな役立ちノウハウを伝授することに努めました。

後は、アドバイスに従って君が実行するだけだ。とにかく、四月中に予習と復習が「毎日のルーティーン」になるようにクセをつけよう（41頁参照）。毎日のちょっとした頑張

りだよ。君ならできるよ。

さらに勉強の仕方について興味をもった人に、お薦めの本が二冊あります。

●田高寛貴・原田昌和・秋山靖浩『リーガル・リサーチ&リポート』有斐閣…法学部での勉強法について教えてくれる。

●弥永真生『法律学学習マニュアル』有斐閣…しっかり勉強しようという意欲のある上級生や大学院生向け。これが必要になったら、君は本物だ。

この本の内容や記述についてお気づきやご意見がありましたら、ぜひお教えください。少しでもわかりやすくて、役に立つものにするために努力したいと考えています。

執筆に際しいろいろとご指摘をいただいた法律文化社の田靡純子さん、およびイラストを描いてくれた福岡大学法学部OG山本亜由子さんに御礼を申し上げたい。

二〇一五年一二月二日

武居一正

▨執筆者紹介

武居一正（たけすえ　かずまさ）

1953年山口県生まれ。
関西学院大学法学部および大学院法学研究科博士課程を経て
ベルギー国立ヘント大学（ベルギー王国政府給費留学生）および
ルーヴァン・カトリック大学（UCL）に学ぶ。
福岡大学法学部教授（憲法学）。

Horitsu Bunka Sha

新入生のための法学部必勝学習法

2016年3月1日　初版第1刷発行

著　者　武《たけ》居《すえ》一《かず》正《まさ》

発行者　田靡純子

発行所　株式会社　法律文化社
〒603-8053
京都市北区上賀茂岩ヶ垣内町71
電話 075(791)7131　FAX 075(721)8400
http://www.hou-bun.com/

＊乱丁など不良本がありましたら、ご連絡ください。
お取り替えいたします。

印刷：㈱冨山房インターナショナル／製本：㈱藤沢製本
イラスト：山本亜由子

ISBN 978-4-589-03749-7